本书系首届湖南省基础教育教学改革研究项目"小学生习惯养成主题班会课程化开发研究"（项目编号：Y20230014）的研究成果

大夏书系 | 全国中小学班主任培训用书

小学生习惯养成班会课程

刘令军　周师思——编著

华东师范大学出版社
·上海·

图书在版编目（CIP）数据

小学生习惯养成班会课程 / 刘令军，周师思编著 . —上海：华东师范大学出版社，2024.
—ISBN 978-7-5760-5143-8

I.G625.5

中国国家版本馆 CIP 数据核字第 2024DW5786 号

大夏书系 | 全国中小学班主任培训用书

小学生习惯养成班会课程

编　　著	刘令军　周师思
责任编辑	卢风保
责任校对	杨　坤
封面设计	淡晓库

出版发行	华东师范大学出版社
社　　址	上海市中山北路 3663 号　邮编 200062
网　　址	www.ecnupress.com.cn
电　　话	021-60821666　行政传真 021-62572105
客服电话	021-62865537
邮购电话	021-62869887
地　　址	上海市中山北路 3663 号华东师范大学校内先锋路口
网　　店	http://hdsdcbs.tmall.com/

印 刷 者	北京密兴印刷有限公司
开　　本	700×1000　16 开
印　　张	16
字　　数	252 千字
版　　次	2024 年 9 月第一版
印　　次	2024 年 9 月第一次
印　　数	5 100
书　　号	ISBN 978-7-5760-5143-8
定　　价	69.80 元

出 版 人	王　焰

（如发现本版图书有印订质量问题，请寄回本社市场部调换或电话 021-62865537 联系）

目 录

前言　用好习惯去培养人　　　　　　　　　　　　　　　I

第 1 章　培养规则意识：学会做事　　　　　　　　　　　1

第 1 节　一年级新生入学常规训练　　　　　　　　　　1
第 2 节　他人物品不乱拿　　　　　　　　　　　　　　11
第 3 节　大家排好队　　　　　　　　　　　　　　　　16
第 4 节　无声就餐　　　　　　　　　　　　　　　　　22
第 5 节　学会使用文明用语　　　　　　　　　　　　　28
第 6 节　我很诚实　　　　　　　　　　　　　　　　　35
第 7 节　学会整理　　　　　　　　　　　　　　　　　42
第 8 节　学会倾听　　　　　　　　　　　　　　　　　48
第 9 节　会打紧急电话　　　　　　　　　　　　　　　56
第 10 节　自己的事情自己做　　　　　　　　　　　　　61
第 11 节　今日事今日毕　　　　　　　　　　　　　　　67
第 12 节　写好中国字，做自信中国人　　　　　　　　　74

第 2 章　培养公众意识：学会交往　　　　　　　81

第 1 节　公共场所说话小点声　　　　　　　81
第 2 节　大家都来遵守规则　　　　　　　　86
第 3 节　安全上下学　　　　　　　　　　　92
第 4 节　换位思考　　　　　　　　　　　　99
第 5 节　学会肯定和鼓励他人　　　　　　　106
第 6 节　微笑是最美的语言　　　　　　　　113
第 7 节　外号，送欢喜不送伤害　　　　　　119
第 8 节　学会讲礼貌讲文明　　　　　　　　127
第 9 节　学会合作　　　　　　　　　　　　132
第 10 节　珍贵的 1 分钟　　　　　　　　　138
第 11 节　学会主动学习　　　　　　　　　145
第 12 节　做事不马虎　　　　　　　　　　152

第3章　培养时代意识：学会图强　　　　　158

第1节　对校园欺凌说"不"　　　　　158

第2节　守护我的"人生塔"　　　　　165

第3节　有话好好说　　　　　173

第4节　共享雨伞　　　　　180

第5节　这些事，我来做　　　　　186

第6节　垃圾分类减量，共建绿色家园　　　　　193

第7节　说好普通话，做自信中国人　　　　　199

第8节　从小负责任　　　　　204

第9节　保护视力，预防近视　　　　　210

第10节　无需提醒的自觉　　　　　216

第11节　集中注意力　　　　　222

第12节　勇敢地面对挫折　　　　　228

前言　用好习惯去培养人

人一生品格、能力、成就的基础，是在幼年时期奠定的。

十多年前，我教过一个学生，发现他握笔姿势不正确，我们一般都是大拇指和食指捏住笔身，中指在下作为运笔的支点，这个学生却是食指包绕着大拇指压住笔身。他之所以采用这种握笔姿势，一个重要的原因是他提笔写字的年龄比较小，当时手指的力量不够，食指包绕过来，才能运笔写字，家长没有及时进行纠正，一直就这样固定下来了。这种握笔姿势有两个缺陷：第一是运笔不好使力，字难看；第二是写字慢，书写速度提不上去。当时我做过一次测试，选一个与他成绩在同一水准但握笔姿势正确的学生，同时抄写一篇一千字左右的文章，结果他整整比那个同学慢了 8 分钟。

写一千字，因为书写的缘故，慢 8 分钟，这种拖累，在中考或者高考中，是致命的。后来这个学生在中考和高考中，都发挥失利，与他的握笔姿势有很大关联。

其实也曾一次又一次地帮他纠正握笔姿势，但当时用的都是"管理手段"，采用批评、强行捏住手、处罚等方式进行粗暴干涉，更多的是语言警告，比如"你不改变握笔姿势会拖累你的书写速度""你不改变握笔姿势会影响你的前途"等。但习惯培养属于教育问题，我当时用的方法属于典型的"用管理的方式解决教育问题"。当时也不懂什么叫环境滋养，最终所有的努力都没有获得效果。学生毕业十多年以后，我跟他一起吃饭，赫然发现他使用筷子的姿势跟握笔的姿势一模一样（说明一个人的生活习惯会向他的四面八方延伸）。看他依旧像我十多年前教他时那样，笨拙地夹菜，我在心里叹气，年幼的时候，由于父母的失职，老师缺乏专业知识和专业方法，没有培养好习惯，削低了他人生成就的高度。

这个事例，让我明白了两个道理：第一，一个人的习惯一旦形成，再要进行改变是异常艰难的，肌肉的记忆太顽固了；第二，作为老师，需要学习专业知识和专业方法，更重要的是有"用教育的方式去解决教育问题"的专业思维，才能做好习惯培养这项工作。

一、习惯培养的价值和意义

叶圣陶说："教育是什么？往简单方面说，只需一句话，就是要养成良好的习惯。"

中国儿童教育学家陈鹤琴先生说："人类的动作十之八九是习惯，而这种习惯又大部分是幼年养成的。所以，幼年时代应当特别注意习惯的养成。"教育对人的价值和意义，很重要的一个部分就体现在习惯培养上。作为老师，我们有责任在学生进入校门的那一刻起，就用好习惯去培养他、成就他，让他因此一生都受益。

1. 好习惯可以提高学生的学习效率。

我们日常生活中的大部分行为，都被习惯牵引，高效工作和高效学习的人，必定是行为习惯良好的人。习惯的作用在于：让我们减少思考时间，简化行动步骤，提高工作和学习效率。

因此，老师要提高学生的学习效率，就必须将学习过程中的一些事情习惯化，以此来节约学生的时间和精力。

学生A每天7点起床，7点20分吃早餐，7点40分出门上学，这些动作都已经习惯化，所以学生A每天都很准时地到达教室，从不迟到。而学生B每天6点半起床，起床以后拖拖拉拉洗漱、吃饭，经常迟到。学生B尽管提前半个小时起床，但他的行为没有习惯化，被拖拉、磨蹭浪费了时间，反而不能准时到达教室。

学生在学校里的学习行为，也必须进行一些固化，比如上课前做好课前准备，自己整理课桌和书包，排队就餐，排队做操，等等，这样就可以减少犹豫、拖拉、磨蹭的时间，提高学习效率。

2. 好习惯可以扩大学生的人生优势。

俄国教育学家乌申斯基说:"良好的习惯乃是人在神经系统中存放的道德资本,这个资本不断地增值,而人在其整个一生中就享受着它的利息。"

我就是自身良好习惯的受益者。这些年,教育写作带给我很多的快乐,也让我获得了专业成长,成为我神经系统中存放的道德资本,而且一直在不断增值并产生利息。而我这个资本的获得,与我少年时期的阅读和写作习惯培养紧密相关。

我的童年,物质匮乏,能够接触到的书籍很少,由此养成了一个习惯——精读书籍。每找到一本书以后,我总是要读好几遍,一些喜欢的书籍更是读到滚瓜烂熟。这种精读的好处,就是能充分消化和吸收书中的营养,为自己所用。小学五年级的时候,无意中从一个同学手里借了一本合订本的《语文报》,我翻来覆去看了十几遍,没想到就是这合订本,居然让我开悟了,写作水平大涨。之后的一次看图作文,竟然被语文老师选中,拿到班上作为范文进行展读,给我的激励很大,从此我爱上写作。小学六年级,我就开始了自主写作,自己到池塘里抓了一些蝌蚪,养在一个瓶子里,写观察日记;进入初中以后,开始根据邻里的一些故事,写小说;参加工作以后,当了班主任,写教育叙事。我虽然读书较少,但对所读书籍的领悟和消化能力让我快速成长。我在2008年的时候开始接触《班主任之友》这本杂志,用一年时间精读之前出版的旧刊,2009年开始发表文章,2010年就成为了《班主任之友》的封面人物。到今天,写作成为了我的人生优势。把别人的书读薄,把自己的文章写厚,这就是精读书籍习惯带给我的好处。

那些在某一个领域有特殊优势的人,一定是从年少的时候开始,就在那个领域养成了良好习惯的人。比如学生飞,从小喜欢播音,经常练普通话,他学会了腹式发音,声音浑厚,说话自带磁力,后来做老师,声音成为他的一个优势;又如学生敏,从小喜欢写字,每天练习写字,后来做老师,写字成了她的优势。

作家格拉德威尔在《异类》一书中指出:"人们眼中的天才之所以卓越非凡,并非天资超人一等,而是付出了持续不断的努力。1万小时的锤炼是任何人从平凡变成超凡的必要条件。"这就是著名的"1万小时定律"。一个人只有用习惯固化自己的人生优势,才有可能将一件事情做足1万小时。

3.好习惯可以涵养学生的文化素养。

有一次，我在一个小区公园里小憩，旁边一个妇女买了一袋新鲜莲子在吃，一边吃一边丢。一会儿，过来一个保洁人员，当着妇女的面，将她丢的每一个果壳都捡起来。保洁人员捡了一会儿后，妇女终于经受不住"煎熬"，落荒而逃。这个妇女因为习惯不好，在旁观者的眼中，她的文化素养是有问题的。

有一次，我坐高铁，时间很短，只有一站。我的座位前面的布袋里，有上一位乘客留下来的一些垃圾。我下车的时候，顺便就将这些垃圾带走了，我只想给下一位坐在这个座位上的乘客留下一个印象——这是一个被工作人员及时清理过的座位。我为什么这么做？一个主要的原因，是我自己一直在做学生习惯培养的工作，训练别人的同时，其实也在训练自己。

人的好习惯，反映在行为上，就是文化素养。什么是文化？梁晓声说："文化就是根植于内心的修养，无需提醒的自觉，以约束为前提的自由，为他人着想的善良。"

小学生习惯培养，是德育的一个有力抓手，班主任做的事情是培养学生的良好习惯，实际的目标是涵养学生的文化素养。之所以说是"涵养"，是因为习惯要慢慢培养，素养要慢慢提升。比如：培养为他人着想的习惯，学生在阅览室里看书，注意不影响别人看书，做到不喧哗，看完书以后，将桌椅还原，将垃圾带走；在教室里上课，未经老师允许，不吵闹，不交头接耳；有同学需要帮助，及时伸出援助之手；等等。如果这样一些小事情，学生都能坚持去做，他们就具备了文化素养。

小学生年龄尚小，可塑性大，是培养良好习惯的好时机，也是纠正不良习惯的好时机。老师必须抓住这一个时机，持续施力，培养好学生的习惯，最终实现"育好人"的目标。

二、当前小学生习惯培养的现状

一些基层学校，在小学生习惯培养上存在理念误区，基于的是学校管理的需要而不是学生发展的需要，在习惯培养的过程中眼中没有"人"。虽然两者理论上讲可以重合，但出发点的不同就决定了施力方向的不同。

小学生习惯培养，主要有三种方式：

1. 行政推动式。

学校将需要培养的习惯进行行为的具体化，分解为学习、休息、锻炼的各个细小行为。行政层面，采用"值班巡视""量化考核""记录打分""评优划等"等方式推进。

这种方式的优点是操作性强，可快速统一全校学生的行为，可复制。缺点是管理层面必须足够强势，才能让学生服服帖帖，属于典型的"用管理的方式解决教育问题"。管理手段对于学生来讲是外在动机，学生所谓的"习惯"，也只是一种表演行为，只要管理层不够强势，学生的表演就会大打折扣，走出校门，就会恢复本来姿态。这就是一些基层学校感觉习惯培养难的原因，老师只要稍微放松一下警惕，学生就会表现得"习惯差"。学生"习惯差"是一种认知误区，根源是学校管理层面根本就没有培养出学生的习惯来。

2. 示范教学式。

为了规范学生的习惯，学校将习惯的口令、动作、步骤标准化，录制成一个视频。在开学之初，学校将录制好的视频分发给各个班级，班主任组织学生观看视频，照章操作，并在之后的教学过程中，反复训练，让学生形成固定行为。

这种方式的优点是操作性强，学生学习快，可复制推广。缺点一是制作视频难度大，会产生制作成本。缺点二是把习惯培养当成知识点来教，属于"用教学的方式来解决教育问题"。只要是"教学"，就会区分出"优生"和"差生"，接受能力强的学生，会因表现突出，获得老师的肯定和鼓励，培养出内在动机，而接受能力弱的学生，会因表现不好，受到老师的批评，内心产生抵触情绪。

3. 课程育人式。

采用这种方式，有一个前提条件，就是学校先要有这样一个课程。具体的操作方法是：根据小学生的年龄特点以及人的发展需要，按年级梳理出一个习惯目录，然后根据这个目录，将每一个习惯的培养开发成一堂班会课，主要解读清楚为什么要培养这个习惯，怎样去培养这个习惯，在情境体验中对学生进行价值塑造。班会课程的实施，不能一蹴而就培养出学生的习惯，它的作用在于给班主任提供一种指引，指导学生进行反复练习，通过持续的环境滋养，激发学生的内在动机，培养学生的良好习惯。

这种方式的优点是能激发学生习惯养成的内在动机，学生自觉性强，时间久了，会自发形成一种精神力量，属于"用教育的方式去解决教育问题"。缺点是课程开发难度大，习惯养成的时间长，实施者需要有坚定的教育理念做支撑，才可能去实施和完成。

三、小学生习惯培养的教育施力点

我们常说"培养习惯需要恒心和毅力"，这当然是标准答案，但培养习惯还涉及很多的专业技能，并且培养者要有坚定的教育理念——基于人的发展。在具体实施过程中，要采用专业方法，才能培养好学生的习惯。

彭女士是大学老师，得知我一直在研究小学生习惯培养，就打开了话匣子。她儿子六岁了，即将进入小学，暑假期间参加了一个幼小衔接班的培训。彭女士说，母子之间，不谈学习，那是母慈子孝，一谈学习则是鸡飞狗跳。她儿子写字的时候，笔顺不对，比如写"山"字，他是先写中间一竖，再写下面一横，彭女士觉得不可理喻，多次批评训斥儿子，纠正儿子的笔顺，结果儿子不买账，每次辅导儿子学习，最后都是打一顿结束。

我说：你所有的苦恼与无奈，都来源于你的理念错误，没有以人为本，你的眼中没有人，所以你在这件事情上越努力，花费的时间越多，对孩子的伤害越大。

从人的发展角度来讲，教书法可以不是写好字，而是笔墨体验，随意写都行，写反了都是对的，笔墨粗细无所谓，唯一的目标，就是让孩子体验笔墨乐趣。当确定好这个理念以后，父母不再以正规楷书为目标，这样的书法学习就会让孩子一直处在肯定表扬中，还能创作。你看现在的一年级语文教材，一开始，并不是教拼音，而是教识字，甚至还有象形文字，目的就是先让学生建立文字概念，再教拼音。如果一开始就教拼音，学生就会无数次被否定，被批评，这样一来，学生内心就会形成消极情绪，对汉字学习失去兴趣。

习惯培养的过程中，一定要坚持这样一个理念：基于人的发展。一个人在坚持去做一件事情的时候，经常被肯定，被赞赏，内心滋养出能力感，才会产生学习的内在动机。

在积极心理学领域,有一个"洛萨达比"的概念,可以成为小学生习惯培养的一个指导性理论。积极心理学领域的先锋人物芭芭拉·弗雷德里克森和她的同事,一起从事积极情绪和消极情绪的比例研究。他们录下了60家公司开会时的对话,而后根据其内容带给人的感受,分别以"消极"和"积极"进行分类编码,计算出两种语言的比例,并与该公司经营状况进行对照。他们发现了一个明显的分界线:当积极和消极比例高于2.9∶1的时候,公司就会欣欣向荣,蓬勃发展;而低于这个比例,公司就会意志消沉,萎靡不振。因为这个比例是马塞尔·洛萨达发现的,因此就被称作"洛萨达比"。[①]

如果积极情绪与消极情绪之比达到11∶1,就弊大于利了,生活就变成了傻乎乎的盲目乐观。在家庭里头,"洛萨达比"要稍高一点——5∶1。也就是说,在子女教育方面,如果积极语言和消极语言的比例是5∶1,父母将收获充满爱的亲子关系,如果是1∶1,那基本上就鸡飞狗跳了,如果是1∶3,那就变成了家庭灾难。

所以,我告诉彭女士,要想将孩子的习惯培养好,积极语言与消极语言的比例要达到5∶1,每天都将孩子打一顿的方法,会扼杀掉孩子的未来。

彭女士还是有点担心:笔顺错了,不及时纠正会不会耽误孩子的成长?

我说:这一点你真的不要焦虑。我的小儿子,五岁的时候,写字笔顺是从下到上,从右到左,但是上小学以后,老师在课堂上教笔顺,小儿子一下子就学会了,并没有受之前笔顺错误的影响。

四、小学生习惯养成班会课程的逻辑结构

梁启超在他的《少年中国说》中写道:"少年智则国智,少年富则国富;少年强则国强,少年独立则国独立;少年自由则国自由,少年进步则国进步"。青少年的教育,事关国家的未来。

习近平总书记在2018年9月召开的全国教育大会上强调,"要在坚定理想

[①] 马丁·塞利格曼.持续的幸福[M].赵昱鲲,译.杭州:浙江人民出版社,2012.

信念上下功夫""要在厚植爱国主义情怀上下功夫""要在加强品德修养上下功夫""要在增长知识见识上下功夫""要在培养奋斗精神上下功夫""要在增强综合素质上下功夫"。这"六个下功夫",为做好新时代青年人才的培养工作指明了方向。

依据小学生的年龄特点和理解能力,小学生习惯养成课程将"六个下功夫"具体化为遵守规则、文明有礼、主动做事、友善待人、与人合作、自信自强,将此作为施力点,去对学生进行习惯培养。

2020年3月15日,习近平总书记在给北京大学援鄂医疗队全体"90后"党员的回信中指出:"青年一代有理想、有本领、有担当,国家就有前途,民族就有希望。"小学生习惯养成班会课程,以此为依据,将育人目标确定为"有规矩、有素养、有能力、有理想"。

课程具体内容如下表所示:

学段	主题	序号	习惯养成	课程名称
小学低年级	有规矩:习得规则	1	遵守规则	一年级新生入学常规训练
		2	遵守规则	他人物品不乱拿
		3	遵守规则	大家排好队
	有素养:习得文明	4	举止文明	无声就餐
		5	举止文明	学会使用文明用语
		6	举止文明	我很诚实
	有能力:学会做事	7	主动学习	学会整理
		8	主动学习	学会倾听
		9	主动学习	会打紧急电话
	有理想:认真专注	10	自我图强	自己的事情自己做
		11	自我图强	今日事今日毕
		12	自我图强	写好中国字,做自信中国人

续表

学段	主题	序号	习惯养成	课程名称
小学中年级	有规矩：公众意识	13	遵守规则	公共场所说话小点声
		14	遵守规则	大家都来遵守规则
		15	遵守规则	安全上下学
	有素养：与人为善	16	友善交往	换位思考
		17	友善交往	学会肯定和鼓励他人
		18	友善交往	微笑是最美的语言
	有能力：学会交往	19	举止文明	外号，送欢喜不送伤害
		20	举止文明	学会讲礼貌讲文明
		21	团队合作	学会合作
	有理想：主动学习	22	自我图强	珍贵的1分钟
		23	主动学习	学会主动学习
		24	自我图强	做事不马虎
小学高年级	有规矩：坚持原则	25	友善交往	对校园欺凌说"不"
		26	友善交往	守护我的"人生塔"
		27	友善交往	有话好好说
	有素养：时代理念	28	团队合作	共享雨伞
		29	主动学习	这些事，我来做
		30	举止文明	垃圾分类减量，共建绿色家园
	有能力：坚定自信	31	自我图强	说好普通话，做自信中国人
		32	自我图强	从小负责任
		33	自我图强	保护视力，预防近视

续表

学段	主题	序号	习惯养成	课程名称
小学高年级	有理想：奋发图强	34	自我图强	无需提醒的自觉
小学高年级	有理想：奋发图强	35	自我图强	集中注意力
小学高年级	有理想：奋发图强	36	自我图强	勇敢地面对挫折

在整个小学阶段，班会课程设计遵循的是序列化、螺旋式上升的原理。整个课程体系结构如下图所示：

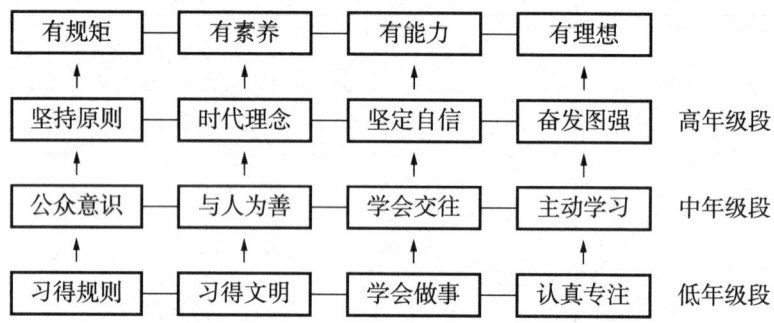

这个课程体系，横向看，是一个级段的课程内容，纵向看，是一个模块的递进式上升的课程内容。整个课程的建设目标，就是用遵守规则、文明有礼、主动做事、友善待人、与人合作、自信自强的德育内容，对学生进行价值塑造（输入），学生在形成价值观之后，输出有规矩、有素养、有能力、有理想的外显行为。（如下图所示）

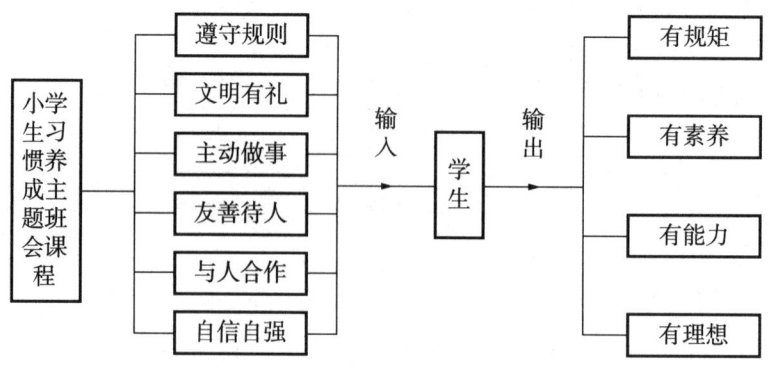

之所以进行这样的设计，是因为我们相信：有规矩、有素养、有能力、有理想的人，都是健康的人，传播正能量的人，建设新生活的人，不会出现抑郁、自卑、极端、颓废、狭隘等心理障碍。而这也体现了我们坚持的理念：要用"建设"的方法来解决班级发展中存在的问题，只要把班级建设好了，一些发展中的问题就不再是问题了。

五、小学生习惯培养操作方法

人的活动不管是简单的还是复杂的，都受动机的调节和支配。小学生习惯培养，要由外力驱动转变为学生的自主自觉行为，核心问题是动机的转化。

1. 动机的分类。

动机分为两种：

（1）外部动机：由外部诱因引起的动机，以获得奖励或者避免惩罚。比如：学生为了得到更多的零花钱，努力提高自己在班级的名次；为了获得老师的表扬，上课积极举手，按时完成作业；为了避免老师的处罚，不迟到、不早退、不打架；等等。

我之所以会去做这些事情，是因为有外在力量的驱使，如果这些外在驱使力度不够，或者有一天这些外在力量不存在了，行动就会消失。

（2）内部动机：对事物本身感兴趣而引起的动机。比如，在我家小区附近的一个公园里，每天晚上都有一群人聚集在一起跳舞，从春到冬，只要不下雨，那群人就一定会在固定的时刻出现在固定的地方。一群人在一起，有共同的爱好，有归属感，舞跳得好，得到旁边人的肯定，有能力感。体育委员小伟，在班级组建了篮球队，为了提高体能，每天早晨带着篮球队员跑步。他们之所以能坚持跑步，就是因为这是他们自主选择的，没有人强加给他们，有自主感。学生小文，喜欢写作，规定自己每周至少写两篇文章。她之所以能长期坚持，是因为班级所有人都叫她"文学天才"，她对写作充满了自信，有自主感，同时她的文章得到了同学和老师的肯定与鼓励，有能力感。

我之所以会去做这些事情，是因为我喜欢，在没有任何外力驱使的情况下，我也会自觉自愿去做，而且能够坚持。

2. 内在动机的培养方法。

美国心理学家德西和瑞安的研究认为：自主的需要、能力的需要、关系的需要这三种内部需要被满足就能产生内部动机，还能促进外部动机的内化。

自主的需要：自由的、信任的，有选择权。

能力的需要：能胜任这项工作，有自我效能感。

关系的需要：被人理解、认可、尊重、关爱和信任。

小学生习惯培养，变外在动机为内在动机的关键就是满足学生这三个方面的需要，而满足需要的过程，我们称之为环境滋养。这里提出的环境，是指影响学生成长和发展的各种教育资源的总体，包括教室文化、班级活动、教育教学活动、社会人际交往、家庭教育、社会实践活动等等。环境滋养，就是通过学生所处的环境，来滋养学生的内部动机。

具体来说，主要是滋养学生三个方面的感受：

（1）自主感。

我不是被强迫的，我可以自己做主，可以选择这样做，也可以不这样做。要培养学生的自主感，班主任就不能过多地使用强制手段，尊重学生的抉择，即使是规章制度，也要交给学生讨论，梳理出条款，然后投票决定是否实施。行政推动式的习惯培养模式，能快速见效，但是效果则取决于执行层面是否强势，如果执行层面稍有弱化，学生就会表现出习惯很差，就是因为学生没有自主感，他是被强迫的。课程育人式的习惯培养模式，学生能自主坚持，就是因为他的行为方式是滋养出来的，学生有自主感。

（2）能力感。

我能做好这件事情，我做这件事情的经过和结果，都会得到他人的肯定和鼓励。要培养学生的能力感，班主任要做有心人，发现学生的优点，多给学生贴一些正面标签，做大做强学生的个人优势，让他们在做事的过程中充满自信。在现实教育生活中，有的老师喜欢找学生的缺点，认为指出缺点学生才能进步，有的老师则喜欢加大试卷的难度，认为只有把学生"考倒了"，才能让学生知道自己还有诸多不足，但他们培养的都是学生的"挫败感""无力感""沮丧感"，要培养能力感，必须反其道而行之。

（3）归属感。

我在一个团队中做事，在团队内部，我们相互肯定、相互支持、相互尊重。要培养学生的归属感，班主任首先要做的是分组，将每一个学生都分到一个团队之中去；其次是组织活动，并适当增强活动的挑战性，让各个小组内部面临一定压力，要通过团队合作才能化解压力，达成目标；最后是通过完成目标，来打造学习共同体，一群人组成一个团队，有核心人物，有共同的目标，有共同的行为。

3. 小学生习惯形成的步骤。

小学生的习惯形成，要经过四个步骤（如下图所示）：

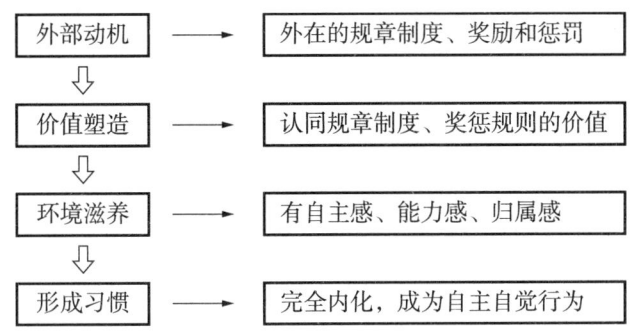

（1）外部动机。

学校基于管理的需要，会对学生提出一些行为规范方面的要求，为了确保这些规范能落实到每一个学生身上，会出台与之匹配的规章制度、奖惩机制。对于学生的习惯培养来讲，这些规范就是一种外在动机。

（2）价值塑造。

实施小学生习惯养成班会课，创设情境，让学生体验，在看见、听见、触摸、感受的过程中产生情感触动，引发思想共鸣，形成价值判断，对学生进行价值塑造。

（3）环境滋养。

在班会课实施之后，班主任持续施力，对学生进行环境滋养，积极培养学生的自主感、能力感、归属感，让学生将遵守学校行为规范的外部动机转化成内部动机。

（4）形成习惯。

在学生形成内部动机以后，学生将学校提倡的行为规范完全内化，成为自己的一种生活方式，在学习和生活中，不用别人监督，自主自觉去做，形成习惯。

课程的作用，在于为习惯培养提供一种指引，班主任老师知道怎么去做。刚开始进行习惯培养的时候，如果学生没有产生内部动机，应该从行为训练开始，比如说《一年级新生入学常规训练》，就是对学生进行课堂常规训练和生活常规训练，在这个阶段，老师可以通过一些管理手段或者物质奖励，激发学生产生动力。学生一旦开始行动，就必须果断撤掉管理手段和物质奖励，鼓励学生去发现活动本身的乐趣。后面的班会课，基本上都是环境滋养，培养学生的自主感、能力感和归属感。

优秀的班级是"建设"出来的，而不是"管理"出来的，小学生习惯养成班会课程，就是基于对班级进行"建设"，这个过程虽然慢一点，但它是从根儿上解决问题。

成功学家奥格曼狄诺指出："我们的行为受到品位、情感、偏见、欲望、爱、恐惧、环境和习惯的影响，其中最厉害的就是习惯。成功与失败的最大分野，来自不同的习惯。"

小学生习惯培养，任重道远，但我们作为教师，有必要为此去进行努力。也许你努力培养学生的某一个习惯，因此就改变甚至成就了这个学生。

小学生习惯养成班会课程，是将小学课程表中的班会课，采用体系化的思维进行规划设计，形成以习惯培养为目标，螺旋式上升，可以连续实施六年的课程。

需要本书课件资源包的老师，请加微信 mtbllj。

宁乡市德育名师工作室首席名师　刘令军

第 1 章
培养规则意识：学会做事

第 1 节　一年级新生入学常规训练

宁乡市玉潭街道中心小学　陶利红

【班会背景】

一年级新生入学常规是指一年级学生进入小学校园日常需遵守的规则和规定。对于刚从幼儿园转入小学校园的一年级学生来说，一切都是崭新的开始。他们刚刚告别以游戏为主的幼儿园生活，转向以学习为主的小学生活，这对他们的道德品质以及心理的和谐发展都会产生一定的影响。为了帮助一年级孩子快速适应小学生活，养成良好的学习和生活习惯，促进学生各方面能力的发展，也为了建立良好的班级活动秩序，让教师能尽快开展正常的教育教学工作，我们要对一年级孩子进行入学常规的训练。

适用年级：小学一年级。

【班会目标】

1. 认知提升：知晓候课常规、听课常规、读书写字常规、上下课礼仪常规、进校离校礼仪、集合排队常规、文明就餐常规的基本行为要求。

2. 价值塑造：我们是小学生啦，在学校要遵守纪律，听从指挥。

3. 外化于行：能对校园铃声和老师的口令做出正确的回应，知道遵守学校生活规则的重要性，自觉规范自己的行为。

【班会思路】

一年级新生入学常规训练，采用系列班会的形式进行，每一节班会课都包含若干个活动，建议老师在对学生进行训练的时候，每次都只开展一个活动，一个活动10分钟左右，整个训练分12次完成，训练要坚持两个月左右。按照循序渐进的原则，训练学生在校的行为习惯。这个训练是小学生习惯培养的起步阶段，根据学生的认知水平，采用"行政＋视频教学"的方法直接推进，让学生了解课堂学习教学常规和学校生活常规的行为规则，学会对校园铃声和老师的口令做出正确回应，并根据老师的要求规范自己的在校行为。

班会一　上下课礼仪和听课常规训练

【班会目标】

1.教育学生主动向老师和同学问好（说再见）。

2.学习上课师生问好礼仪。

3.训练学生上课认真听讲，坐姿端正，不做小动作，不乱说话，并能积极举手发言，声音响亮。

4.训练学生下课先做好课前准备，再喝水、上厕所，然后才去玩游戏。

【班会准备】

视频《上课师生问好》《课堂常规对口令》《下课三部曲》，常规训练儿歌，图片等。

一、学习上课师生问好

1.说一说。

师：老师一进教室看到小朋友们脸上笑眯眯的，心里也美美的。你们现在不再是幼儿园的小朋友了，而是一名一年级的小朋友了，开不开心呀？

（课件出示：我是一年级的小学生啦！）

师：大家一起开心地说一遍！

（学生齐读。）

师：是的，从今天起我们都是光荣的小学生了。

（出示"早上师生问好"的图片）仔细看图，图片上画了什么？

师：是呀，图上的小朋友多有礼貌呀！我们也学着来问好吧！

2. 练一练。

师：问好时，我们可以鞠躬，如果以后当上了少先队员，还可以敬队礼。如果老师说"小朋友们好"，你们该怎么说，怎么做？

（指名表演，并相机从三个方面进行点评：是否面带微笑，是否声音响亮，是否态度大方。）

师：在上每节课之前，老师和同学都要有礼貌地问好，这表示我们之间的相互尊重，就像这样——（播放视频《上课师生问好》）

师：我们也来试一试。（师生互相问好，反复练习。）

师：早晨看见老师可以说："老师，早上好！"中午呢？下午出校门呢？

仿照刚才的样子同桌之间问好，老师和同学之间问好。

师：（小结）小朋友们真能干，学会了问好，希望大家能够在日常生活中经常使用，做个有礼貌的小朋友。从今天开始就看看哪些小朋友是真正有礼貌的小学生。

二、学习课堂常规对口令

1. 想一想。

师：看图，小朋友是怎样上课的？（课件出示图片：小朋友眼睛盯着老师，认真地在听课。）

师：上课的时候，我们要专心听讲。谁明白什么是专心听讲？（引导学生说出：眼睛看老师，耳朵仔细听，不做小动作，不东张西望。）

2. 玩一玩。

师：接下来老师和你们来玩个游戏好吗？游戏名字叫"口令对对碰"。游戏怎么玩呢？请观看视频。（播放视频《课堂常规对口令》）

（课件出示口令，师生配合练习。）

师：一二三！

生：坐好了！

师：大眼睛！

生：看老师！

师：小嘴巴！

生：不说话！

师：谁坐得最直？

生：我坐得最直！

师：谁的眼睛最闪亮？

生：我的眼睛最闪亮！

师：表扬他！

生：（拍手）顶呱呱！

三、学习下课常规

1. 说一说。

师：（播放下课铃声）不知不觉，这节课就要下课啦。小朋友们，我们该做些什么呢？

师：（小结）下课铃响，老师说："下课！"值日生大声喊："起立！"小朋友们立正站好，向老师敬礼，齐声说："谢谢老师，老师再见！"然后做课前准备，摆好桌椅，检查卫生，再喝水、上厕所、玩游戏等。我们要轻声慢步，注意课间安全。

2. 读一读。

出示儿歌（下课铃声响，起立敬礼说再见，收拾桌面做准备，及时喝水上厕所，脚步轻轻把路走），老师带读。

3. 练一练。

小朋友观看视频《下课三部曲》，反复练习完成"下课三部曲"。

挑选出喊口令的指挥员。

听下课铃声自然下课，完成"下课三部曲"。

班会二　候课常规训练

【班会目标】

1. 认识校园里的指挥官,并了解听铃声指挥的重要性。
2. 了解学校指挥官发出各种号令的含义及包含的基本行为要求。
3. 学习候课常规,复习巩固上下课礼仪和"下课三部曲"。

【班会准备】

校园里铃声的音频,视频《上课铃响入班候课》《体育课集合》,图片,常规训练儿歌。

一、小眼睛,仔细找

1. 夸一夸。师生问好后,老师表扬:哇!小朋友们真精神!起立站如一棵树,坐下稳如一座钟,值日生就像一名小小指挥官,小朋友们就是听从指挥的小小解放军。

2. 猜一猜。在我们的校园里还藏着一位神秘的指挥官,小朋友们,猜一猜,是谁呢?

出示谜语:一个小小指挥官,校园生活由它管,上课下课它来定,若不服从秩序乱。(出示谜底:铃声。)

3. 找一找。

(1)找找自己校园里的指挥官。(比如教室里的广播、操场的音响、学校的广播室。)

(2)生活中还有很多无声的指挥官。(出示图片:交警、红绿灯、斑马线、男女厕所指示图。)

师小结:我们是光荣的小学生啦,在学校要遵守纪律,听从指挥,同时也要关注生活中的指挥官,做个守规则的小公民。(板书:听指挥。)

二、小耳朵，认真听

1. 说一说。平时我们学校广播室里都发出了哪些铃声呢？
2. 辨一辨。播放校园里常见的铃声：上课铃声、下课铃声、集合铃声……学生听辨并指出是什么铃声。
3. 想一想。为什么要听这些铃声的指挥呢？不听行不行？会发生什么情况？（板书：有秩序。）

三、小朋友，做得好

1. 学习候课常规。
（1）说一说。（播放上课铃声）听到这个铃声我们该怎么做？
播放视频《上课铃响入班候课》，学生观看。
（2）做一做。值日生和学生一边读儿歌，一边配合练习。（出示儿歌《上课铃响》：铃声响，进教室，头朝右边休息好，安安静静等老师。）
（3）劝一劝。（出示图片）瞧，上课铃响了，小明却还在踢足球，同学们叫他回教室，他说："我还没玩够呢！"
小明这样做对吗？谁来劝劝小明呢？（指名说）
2. 老师总结：是啊，我们是小学生啦，在学校要遵守纪律，听从指挥，学习生活才会有秩序。
孩子们这节课表现真棒！把掌声送给自己！（复习常规对口令）
这节课我们就上到这里，下课！（复习下课礼仪和"下课三部曲"）

班会三　读书写字常规训练

【班会目标】

1. 知道养成正确的读写姿势才能保护视力。
2. 初步学会正确的读写姿势，初步养成良好的读写习惯。
3. 复习巩固上下课礼仪、候课常规。

【班会准备】

图片，读书写字姿势训练儿歌。

一、读书常规训练

（老师点评学生的候课习惯，复习上课师生问好礼仪。）

导入：小朋友们，老师今天要教给你们正确的读书写字姿势。读书写字的姿势正确了，对我们学知识、长身体都大有好处。

1. 看一看。

师：请小朋友们看图片（出示读书姿势图片）。读书的时候，我们应该像图上的小朋友一样，身体坐直，肩放平，再把书拿起来，眼睛离书本一尺远。（边说边指点）

2. 学一学。

师：请小朋友们跟着老师一起来学一学。（老师示范分解动作，边示范边讲解，学生跟着做。）（1）身体坐直；（2）头放正；（3）肩放平；（4）把书拿起来，眼睛离书本一尺远。一尺跟你们文具盒差不多长，我们把文具盒放在眼睛和书之间量一量。

（老师逐一检查，表扬坐姿漂亮的小朋友。）

师：老师带来了一首儿歌送给小朋友们，平时我们可以用这首儿歌提醒自己。（出示儿歌：头正身直，脚放平。两手拿书，眼看书本。）

（教师带读，师生对口令。）

师：头正身直……

生：脚放平。

师：两手拿书……

生：眼看书本。

（学生练习，老师巡视，纠正。再请学生上讲台示范。）

师：小朋友们的坐姿好漂亮呀！赶紧夸夸我们自己——

生：棒棒棒！我真棒！

3. 课中活动。

（师生配合复习课堂常规对口令。）

师：一二三！

生：坐好了！

师：大眼睛！

生：看老师！

师：小嘴巴！

生：不说话！

师：谁坐得最直？

生：我坐得最直！

师：谁的眼睛最闪亮？

生：我的眼睛最闪亮！

师：表扬他！

生：（拍手）顶呱呱！

二、写字常规训练

1. 评一评。

师：孩子们，我们在学校学习，不仅要读书，还要写字。哪个小朋友会写字？（请学生上台演示自己平时的写字姿势）

师：孩子们评评谁的姿势更漂亮。

师：（小结）写字姿势很重要，姿势不正确，字就写不好，时间长了，视力就会变差，身体也会长不好。

2. 学一学。

师：小朋友们看挂图（出示写字姿势图片），正确的写字姿势就跟图上的小朋友那样，做到身体坐正，书本放平，手离笔尖一寸，眼离书本一尺，胸离桌边一拳。（边说边指点）也就是写字做到三个一：一拳一尺和一寸。（出示儿歌，老师带读。）

师一边示范一边讲解动作要领：一寸是多少呢？一寸相当于老师两个手指

并拢时的宽度。对小朋友们来说，差不多三个指头并拢那么宽。（试量一下）

师：怎么握笔呢？（出示握笔姿势儿歌）老大老二对对齐，老三赶紧来帮忙，老四老五紧跟上。

师带读，再边解释边示范：握笔时，把老大老二（拇指和食指）放在离笔尖一寸的位置上，老三（中指）抵在下面，笔杆靠在虎口的位置。老四老五（无名指和小指）钩起来，垫在中指下面。师生一起边说边做。

3. 比一比。

学生练习，教师巡视，一一纠正，并请姿势较好的学生上讲台示范。

同桌竞赛，互相提醒和指正。

总结这节课的学习内容，复习上下课礼仪，完成"下课三部曲"。

班会四　集合排队和文明就餐训练

【班会目标】

1. 让学生明白文明用餐的含义，懂得就餐要有礼、有序、节约。
2. 培养文明就餐的良好习惯。
3. 学习集合排队。

【班会准备】

视频《文明就餐》《集合排队走》，图片，儿歌。

一、说说就餐好习惯

1. 小朋友今天早上吃饭了吗？吃了些什么？你知道该怎么吃饭吗？
2. 学生观看《文明就餐》的视频。
3. 小调查：你看到这样就餐，喜欢不喜欢？你知道文明就餐的好习惯有哪些吗？（安静排队、有序打菜、讲究卫生、不挑食等）

二、练习集合排队走

那我们就先来练练集合排队吧！

1. 老师事先准好红色和黄色小卡片若干张，均从 1 开始按顺序编上号。学生在走廊里按从矮到高的顺序排成两列纵队后，老师按顺序发给学生相应的数字，每一列发相同颜色的卡片。每个孩子记住自己是什么颜色、第几号。

2. 听到命令，1、3、5、7 组的孩子马上从前门出教室站到相应位置。2、4、6、8 组的孩子从后门出教室站到相应位置。

（多次练习出教室在走廊排队。）

3. 观看视频《集合排队走》。

选出体育委员，训练体育委员喊口令，学生听口令做出相应的反应。（口令：立正！向前看齐！向前看！稍息！立正！齐步走！）

三、小小营养搭配师

1. 说一说。

师：吃饭时除了要排队就餐，还要注意一些什么？（引导学生说出讲卫生、不挑食等）

师：怎样才是不挑食呢？（指名说）

2. 读一读。

一首有趣的儿歌告诉我们怎样就是不挑食，我们一起来读（出示儿歌）：

我学小兔吃青菜，我学小鸭吃鱼虾，不挑不拣样样吃，身体健康棒棒棒！

3. 听一听。

是的，只有不挑食，我们的身体才会更健康。老师还带来了一个有趣的绘本故事《我不挑食》，奖给坐姿最漂亮的孩子。（课件出示故事，老师讲故事。）

4. 试一试。

听完了故事，老师想考考大家，请小朋友们拿出学习单，选出三到四份食物，试着给自己搭配出一份营养餐。比一比谁搭配得最合理。

（学生完成学习单，学习单上有 9 种食物的图片，让学生在图片后打√。指名汇报，老师评议。)

四、争做文明就餐好孩子

1. 比一比。

师：小朋友们都是小小营养搭配师啦！下面我们再来个自我检测，看看你是不是文明就餐的好孩子。

（课件分条出示就餐好习惯：安静排队，有序打菜，安静就餐，讲究卫生，不挑食，多次光盘。）

老师说好习惯，做到了的小朋友，在学习单上画笑脸，比比谁得到的笑脸最多。

2. 学生齐诵用餐礼仪儿歌（课件出示）：

安静排好队，碗筷不乱敲；

吃饭不言语，细嚼又慢咽；

饭菜不浪费，文明好宝宝。

3. 老师总结：孩子们，让我们赶快行动起来吧，争做文明用餐的好孩子。文明用餐今日始，文明用餐我能行！

第 2 节　他人物品不乱拿

长沙市芙蓉区马坡岭小学　郑佳平

【班会背景】

在低年段，不少孩子有乱拿别人物品的行为。当然，他们不是偷偷摸摸把别人的东西拿走归为己有，而是未经允许就把别人的物品拿走或乱动。出现这种现象主要是由这一年龄段儿童的年龄特点和心理特点决定的。从心理上讲，儿童一般是出于喜欢别人的东西，别人有自己当下急需的东西，或是对别人的新鲜物品比较好奇，才去动用别人的东西，认为先拿去用一用，用完之后再还给人家没有什么不对，但是有时候拿了就忘记归还。加上儿童年龄小，考虑问题不很周全，他们往往从自己的需要出发想问题，只顾自己，不顾他人，很难想到自己随便拿了别人的东西，会给别人带来哪些不良后果。这种行为虽然不同于"偷"，但也是一种没有礼貌的行为，这种坏毛病发展下去会成为不良习惯。从小重视规范学生的行为，教育学生不随便拿别人东西，帮助他们加强自身修养，对他们形成良好的思想品德与文明行为具有特殊意义。

适用年级：小学一年级。

【班会目标】

1. 认知提升：懂得乱拿别人物品是不文明的行为，知道乱拿别人物品的后果。

2. 价值塑造：没有经过别人的允许，就拿走或乱动他人的物品，是不文明的行为。

3. 外化于行：当我们要借用别人的物品时，首先要得到允许，并且做到及时归还；要是未经同意，就绝不乱拿。

【班会准备】

1. 资源：暖场小游戏教学视频，视频《乱拿他人物品》《乱拿他人物品的后果》，课件。

2. 思路：播放视频《乱拿他人物品》《乱拿他人物品的后果》，让学生站在旁观者的角度观察乱拿别人物品的情形，引导学生进行自我纠错，自我完善。

一、视频导入，直奔主题

师：为了活跃气氛，我们先一起来做一个小游戏。

（播放小游戏教学视频，师生一起做。）

师：刚才，我们一起做了好玩的课间游戏，大家都做得很认真，很开心。在日常的生活中，老师课间最喜欢观察可爱的你们！瞧，今天，我就有不一样的发现！

1. 观看视频《乱拿他人物品》。

场景一：文文和丽丽是同桌，自习课上，他们都坐在教室里认真地写着作业。突然，文文写错了一个字，可是自己没有橡皮擦。这时，他看见丽丽桌上摆着的橡皮擦，于是，他一声不吭就拿走了丽丽桌上的橡皮擦用了起来。

场景二：刚上完体育课，小江一边擦着汗，一边从外面走进教室。这时，他看到小敏的桌上有一瓶牛奶，顿时觉得口更渴了，于是，他拿起了小敏的牛奶，一口气喝完了。

场景三：小明开开心心地从教室外面蹦蹦跳跳回教室，这时，地上有一支漂亮的铅笔吸引了他的注意力。他捡起铅笔，看看四周没有同学，于是就把铅笔放进了自己的文具盒里。

2. 学生观看视频后交流。

师：视频中的他们做得对吗？为什么？

生：不对，因为他们没有经过别人的同意就使用了别人的东西。

生：不对，因为他们没有经过别人的同意就拿走了别人的东西。

3. 了解乱拿他人物品的概念。

师：是的，像他们这样，没有得到别人的允许就拿走或乱动他人的物品，是一种不文明的行为，这是不对的。这种行为会给他人带来怎样的影响呢？大家猜想一下，那些被别人拿走了自己东西的同学，得知情况以后会有什么表现呢？

生：会很着急。

生：会到处找自己的东西。

师：是不是这样呢？我们继续看视频。

【设计意图】通过观看孩子们身边经常发生的事情，从第三者的角度去了解乱拿他人物品的行为，一方面能够加深学生的印象，知道这是一种不好的行为；另一方面，能够快速吸引学生的注意力，引起学生的共鸣。

二、了解乱拿他人物品的后果

1. 观看视频《乱拿他人物品的后果》。

场景一后续：丽丽对文文没有经过她的同意就拿走了她的橡皮擦的行为感到非常生气，于是两个人吵了起来，丽丽觉得文文太没礼貌，就不想和他做朋友了。

场景二后续：小敏从教室里回到座位上，发现牛奶不见了，伤心地大哭起来。

场景三后续：洋洋急着写作业，可是却四处找不到铅笔，那可是妈妈今天早上才给他买的漂亮铅笔，他越想越伤心，越想越着急，忍不住大发脾气。

2.学生观看视频后交流。

师：从视频中，我们可以感受到，这些同学的心情怎么样？

生：糟透了！

生：很难过。

生：不开心。

生：不高兴。

师：（追问）在你们的生活中，经历过被别人乱拿走东西吗？拿走了什么？你当时的心情怎样？谁来说一说？

生：上一次，一个同学拿走了我的铅笔，我自己做作业的时候，没有笔了。

师：你很气愤。

生：上一次，有一个同学把我带的水喝了，等到我自己渴的时候，没有水喝了。

师：你很恼火。

师：（小结）由此可见，乱拿他人物品会影响心情，耽误事情，甚至破坏同学间的感情，真是一种不文明、不道德的行为。因此，在生活中我们一定要做到——

生：（齐）他人物品不乱拿。

（出示课题：他人物品不乱拿。）

【设计意图】结合视频中孩子们反馈出来的不良情绪和孩子们的亲身经历，引起学生对乱拿行为的不满，知道乱拿他人物品可能造成的严重后果，深刻体会到乱拿他人物品是一种不道德、不文明的行为。

三、怎样做到不乱拿他人物品

师：到底怎样做才是不乱拿呢？如果你是场景里他们中的一个，你会怎样做？拿出小组任务单，一起讨论讨论。看看哪个小组的做法最恰当。

[小组讨论，选择一个场景，选择喜欢的方式（直接回答、编故事、演一演

等）来给出解决办法。]

师：时间到了，哪个小组愿意来展示你们的讨论成果？

生：我们组讨论的是场景一。如果我是文文，写作业的时候写错了，但是没有橡皮擦，我肯定不会乱拿丽丽的，我会问她："丽丽，能不能借你的橡皮擦给我用一用？"她同意了，我才会用她的橡皮擦。

师：（追问）如果她同意借给你，用完之后你会怎么做？

生：还给她。

师：（评价）你真有礼貌，得到允许之后再用他人的物品，并且会及时归还给他。

（板书：得到允许，及时归还。）

师：（继续追问）不过呀，我还有个疑问，要是丽丽不同意借给你用，该怎么办呢？

生：我就去问别的同学借，不用丽丽的。

师：也就是说，没有得到允许，你绝对不会乱拿别人的物品。是吗？

（板书：未经同意，绝不乱拿。）

生：是的。

师：能不能总结一下，借用别人的东西，我们要怎么做？

（1）提出借用请求；

（2）得到允许之后再用他人的物品；

（3）用完以后要及时归还给他；

（4）如果对方不同意，就不能拿别人的东西。

师：你们组给出的办法可真不错！掌声送给他们。接下来请选择场景二的小组来展示。

生：我们讨论的是场景二，我们用编故事来回答。刚上完体育课，小江一边擦着汗，一边从外面走进教室。这时，他看到小敏的桌上有一瓶牛奶，顿时觉得口更渴了，于是，他拿起了小敏的牛奶，想要一口气把它喝掉。可是，他突然想起，老师说过不能乱拿别人的东西，于是他又把牛奶放回了桌上。他拿出自己的牛奶卡，开开心心地去刷了一瓶牛奶喝。

师：（评价并追问）你的反应可真快，你们组编的故事也很有趣。不过，如果小江自己没有牛奶卡呢?

生：那也不能喝别人的牛奶，他可以喝自己的水。

师：（评价）孩子们真自律。看到别人的牛奶，正好口渴了，尽管很想喝，但我们不能拿，因为这是别人的东西，我们可以自己购买牛奶，或者改为喝水。

（学生表演场景三。学生表演出两个场景：小明把捡到的铅笔还给同学或者交给老师。）

师：这可真是两个有趣的情景剧，你们组这种拾金不昧的精神非常值得大家学习。

捡到别人的东西，能找到失主的，交给失主；找不到失主的，交给老师。让我们用热烈的掌声，感谢他们带来的精彩演出。

师：通过刚才大家的汇报，我们知道了：当我们要借用别人的物品时，首先要得到允许，并且做到及时归还；要是未经同意，就绝不乱拿。看吧，集体的力量可真大！一下子我们就讨论出了许多充满智慧的解决办法。为你们点赞！最后，请大家大声告诉老师，在今后的学习和生活中，你们能做到他人物品不乱拿吗？

生：（齐）能！

师：相信你们！下课。

【设计意图】结合场景例子，学生以小组为单位展开交流、讨论活动，带入具体的情境角色，可以自由选择喜欢的方式（直接回答、编故事、演一演等）给出解决办法，从认识转变到行为，将不乱拿他人物品的做法落实到行动上，从而养成真的不乱拿他人物品的好习惯。

第3节　大家排好队

湘潭县天易贵竹学校　陈双宇

【班会背景】

低年级学生的规则意识不强，虽然他们从老师、家长的口中得知排队的重要性，但是完成从知到行的过程有难度，没有真正在内心认同排队的重要性。通过调查发现，对于低段的小学生来说，他们的道德思维还处在前习俗阶段，他们多是根据自己的感受和利益来支配行为，而规则意识需要考虑集体和他人的利益，养成规则意识较难。而且说教的方式对孩子来说是无效的，因此我们要让孩子通过体验和感受规则对生活的影响，从内心认同规则，真正做到遵守规则与秩序。

适用年级：小学一年级。

【班会目标】

1. 认知提升：知晓在什么时候、什么地点需要排队，知道怎样才能排好队。
2. 价值塑造：人多的地方需要排队。
3. 外化于行：初步养成自觉、安全、文明排队的习惯，维护公共秩序。

【班会准备】

1. 准备："钻山洞"游戏背景音乐，视频《湘乡市育才中学踩踏事故》，音频《矿洞里的故事》《矿井工人化险为夷》《阳光大课间》，矿泉水瓶，小球，排队礼让花。

2. 思路：从具体的身边事例出发，引导学生提高排队意识，通过排队领取排队礼让花的体验活动，让学生将学到的知识运用到具体的行动中去。

一、游戏导入，感受混乱

师：同学们，你们喜欢玩游戏吗？

生：喜欢。

师：今天老师想跟大家玩一个游戏，游戏的名字叫"钻山洞"。游戏规则是这样的：两个人搭一个山洞，两个小组的同学自由通过山洞，快速通过的同学可以拿到老师手上的奖品（学生喜欢的小零食）。

（播放音乐，师生玩游戏。）

师：为什么刚才"钻山洞"的时候有点混乱，还发生了拥堵呢？

生：因为他们想拿到老师手上的奖品。

生：他们不排队，所以队伍会拥堵。

师：是呀，看来要想玩好这个游戏我们得排队，好好排队能让混乱的现象不再出现。（板书：好好排队。）

【设计意图】 通过游戏，引出"排队"这个话题，老师总结出好好排队能让混乱的现象不再出现。

二、认同排队，更安全

师：在我们的生活中，不排队的现象时有发生，你们看（出示图片）：这是在公交车上，小朋友们都想早点下车，挤成一团；这是在堵车的时候，有的车子想插队看能不能挤到前面一点；这是下课的时候，小朋友们都想快点跑到操场上去玩游戏呢。这种不排队的行为还有很多，你们看到过哪些不排队的现象呢？

生：超市里东西打折，大家都想买，所以就不排队。

生：上幼儿园的时候，好多小朋友想去喝水，都没有排队。

生：上公交车的时候，我看到很拥挤的场面，没有人排队。

生：在玩滑滑梯的时候，有的小朋友没有排队。

师：一拥挤就容易出危险，老师在我们低年级里做了一个调查：有217个小朋友因为拥挤发生过碰撞，有110个人摔倒，还有32个人曾经因为拥挤而扭伤甚至流血。（出示"调查报告"）

师：在学校里，你们也发生过这样的情况吗？

生：有一次，我放学去拿书包，人太多了，把我绊倒了。

生：上幼儿园的时候，很多人去玩淘气堡，大家挤成一团，很多人摔倒了。

生：有一次做操排队的时候，队伍里有男孩子调皮，故意推挤，结果前面的同学被挤得摔倒了，有同学的膝盖还擦破了皮。

师：同学们，这些还都是小麻烦小伤，不排队发生拥挤还可能会带来更大的危险，在我们的身边就发生过这样的事情，我们来看一看这一则新闻报道。（播放视频《湘乡市育才中学踩踏事故》）

师：这样的事情就发生在我们身边，是什么原因导致了这样的事情发生呢？

生：是因为不排队。

师：是啊，生命一下子就这样没了，竟然是不排队造成的！很多年前，在一个煤矿里发生的事情也说明了这一点，事情的经过是怎样的？我们一起去看看。(播放音频《矿洞里的故事》)

师：矿井马上就要塌了，但出口很小，一次只能允许一个人出去，怎么办呢？接下来我们做一个"营救工人"的小游戏吧！大家看，我手上的水瓶代表矿洞，小球代表工人，每个矿洞里有四个小球，可是出口很小，每次只能拉出来一个小球。怎样才能让这些工人既快速又安全地出来呢？请跟你的小伙伴一起商量一下办法。

（小组合作商量营救办法。）

师：谁来说说你们想到的办法？

生：把小球按顺序一个一个拿出来。

生：不能犹豫，手速要快。

师：大家各有各的方法，到底谁的办法好？我们试试就知道。

（播放音乐，两个小组的小朋友上台演示。）

师：刚才你们这组速度最快，谁来说一说，你们是怎样把这些小球拿出瓶口的？

生：我们是每人拿一个小球，排队把小球拿出来的。

师：同学们想一下，这些落后小组的工人如果不能及时逃出洞口，困在里面，将会遭遇怎样的结果？

生：可能会被矿洞掩埋。

师：是的，可见有序地排队多么重要啊！后来这些工人们到底怎样了？我们继续把这个故事听完。(播放音频《矿井工人化险为夷》)

师：故事听完了，谁来说说，在这危急时刻，最终是什么挽救了大家的生命？

生：（齐）排队！

师：是的，遇到危险时，大家排好队，不争不抢，生命安全才有保障。

【设计意图】通过图片、视频、调查报告、游戏等具象化的东西，解读不排队带来的危害，让学生知晓遇到危险时，大家排好队，不争不抢，生命安全才有保障。

三、倡导排队，讲方法

师：既然排队的好处这么多，那就让我们来当当小小观察员，说说在我们的校园，什么情况下需要排队。

生：去食堂吃饭的时候需要排队。

生：放学的时候需要排队。

生：做操的时候需要排队。

生：打疫苗的时候需要排队。

师：同学们观察得很仔细，既然这么多地方都需要排队，那我们怎样才能把队伍排得更直、更美呢？

生：我们学校同学们排队的规则是"一条直线，一声不响"，按照口令的要求，我想我们的队伍会更美。（板书：听口令。）

师：现在就让我们来用这个办法排队试试吧！（播放音频《阳光大课间》）你们听，我们的阳光大课间开始啦，我们需要排队出发去操场，请全体起立。班长，请你到队伍前面来喊口令。

（班长喊口令，同学们按照口令要求排好队伍。）

师：到了操场，我们有什么好方法把队伍站直呢？

生：操场上有很多点，我们站在点的位置，就能把队伍站直。

师：在我们学校，有很多标识都在提醒我们要好好排队呢。（板书：找标识。）

（出示标识图片）你们瞧，这是操场上的排队标识，这是学校门口的排队标识，在我们排队进校门的时候，操场上排队做操的时候，这些线、这些点能让我们的队伍更直。可是，这些点、这些线并不是每个地方都有，这就需要我们善于观察、善于发现。

师：打疫苗马上就要开始了，让我们马上排队准备去打疫苗吧。请六个小组的同学起立，在我们的教室里，没有标识点也没有标识线，要调整好前后同学之间的距离，该怎么办呢？

生：可以用手臂量。

师：这个方法不错！（板书：调间距。）让我们来试试吧。

（师喊口令，学生调整队伍间距。）

师：用调间距的方法也能够让我们的队伍排得更美！谢谢同学们给我们想出的三个排队的法宝，如果按照这些要求来做，我们的队伍一定会更直、更美。走出校园，哪些地方，我们也要做到好好排队呢？

生：在银行排队取钱的时候需要排队。

生：玩游戏的时候需要排队。

生：买单的时候需要排队。

生：上公交车的时候需要排队。

师：我发现同学们说的有一个共同的特点，那就是在人多的时候，为了不拥挤，都需要排队。要做一个文明的现代人，我们得从文明排队开始做起。有一则公益广告是这样说的，我们一起去看看。（播放公益广告）

师：（小结）排队是一种习惯，它能够让我们的生活更美好，让我们的城市更文明。

【设计意图】通过亲身体验和经历，讲解现实生活中排队的三种具体方法：听口令、找标识、调间距。

四、课堂总结，发放礼让花

师：文明排队让礼仪之花到处盛开，今天老师给大家带来了排队礼让花。礼让花正着看像一只鸽子，代表平安；竖着看，就是一个为礼让行为点赞的手势。它共有11个花瓣，代表斑马线和排队日，你们知道排队日是哪一天吗？

生：11日。

师：是的，北京市从2007年开始，将每月的11日定为排队推动日，号召大家自觉排队。你们觉得今天大家的表现能拿到这朵礼让花吗？

生：（齐）能！

师：老师也觉得大家今天表现不错，并且以后也会做个文明排队的孩子，这朵花应该作为奖品送给你们。那这么多同学该怎么上来拿？

生：（齐）排队！

师：行，按照同学们说的方法，让我们当好礼让花的代言人吧。让我们排

好队，到老师这领排队礼让花吧。（生领取排队礼让花）

师：今天这节课快上完了，大家有什么收获呢？

生：我知道了人多的地方需要排队。

生：我学会了用听口令、找标识、调间距的方法排队。

生：我知道了排队能让我们更安全。

师：看来大家都收获满满的。是的，虽然排队是小事，但它会让生活更有秩序，让我们更安全，让城市更文明。你们瞧，排队的感觉多美啊。（播放排队画面）

师：（总结）排队是一种美德，排队参观、排队进教室、排队上车、排队进站……看似是很容易做到的一件事情，但它确是一个人修养、文明的重要表现。只有你排好了队，我排好了队，大家排好了队，我们的生活才会变得更加美好。

【设计意图】对学生进行价值塑造：人多的地方需要排队。

第4节　无声就餐

湘潭县天易贵竹学校　李晶璐

【班会背景】

小学生活泼好动，喜欢说话，这种喧闹在封闭的食堂就餐时越发被放大：很多人挤在一起，大呼小叫，随意走动，像个菜市场。由于过于嘈杂，那扑面而来的声浪让人有很强烈的不适感，接近于听觉污染，严重影响学校形象。为了解决这个难题，学校提出无声就餐的建议，倡导就餐过程中，使用就餐手语，安静用餐。当然，倡导无声就餐，不是一句话都不能讲，如学生确需沟通，要尽量做到轻声细语，不对周围人造成干扰。本次班会的目的，是学习学校统一规定的就餐手语，培养学生在校食堂就餐时"有序排队，无声就餐，整理桌面，轻放餐盘"的好习惯。

适用年级：小学一年级。

【班会目标】

1. 认知提升：知晓在学校就餐时无声是文明素养的表现，学会使用学校统一规定的就餐手语。

2. 价值塑造：公共场合讲文明，无声就餐不扰人。

3. 外化于行：养成良好的就餐习惯，努力提高文明修养，做一个文明学生。

【班会准备】

1. 资源：视频《学生食堂就餐》《学生有声就餐》，餐盘若干套，抹布若干块。

2. 思路：通过创设情境，引导学生探索无声就餐的方法，设计和练习就餐手语，让学生学会无声就餐，并能坚持好习惯。

一、现实生活视频导入，引出主题

师：小朋友们，大家好，我是李老师，很高兴能和大家学习一堂班会课。今天来到课堂的，除了我，还有我的好朋友小麒麟，大家和它打个招呼吧！

师：小麒麟给大家带来了一个小视频，我们一起来看看吧。（播放视频《学生食堂就餐》）

师：看了这个视频以后，大家有什么感受？

生：太闹了，声音太大了。

生：所有人都在说话，大呼小叫的。

生：有点像一个菜市场。

师：这样的就餐环境给你的感受是什么？

生：不舒服，很烦。

生：可能会给旁边的人带来干扰，与同伴或者食堂师傅交流的时候，不得不更大声地说话，因为不更大声的话，别人就听不见了。

师：你总结得非常好，大家都在说话，因此，当有人真正有事需要与同伴或者食堂工作人员交流的时候，就不得不更大声。这说明，大家都在就餐的时候说话，就干扰到别人了。

师：大家在家里吃饭的时候说话吗？

生：在家里吃饭的时候，我们经常说话。

师：在家里吃饭的时候说话，你很烦吗？

生：不烦。

师：为什么在家里吃饭的时候，说话不会让人烦，一到学校吃饭的时候说话就给人很烦的感觉呢？

生：家里人少，学校里人多。

师：你说得很好，学校里吃饭，全校的学生都在一起，这叫什么场合？

生：公共场合。

师：对！家里是私人场合，人数少，大家吃饭的时候说说话，可以交流感情。学校食堂是公共场合，如果每个人都说话，即便声音不是很大，但因为空间封闭，人又太多，你说一句，我说一句，便会形成很大的噪音，给旁边的人带来干扰。如果旁边的人想加一点饭，或者加一点菜，就必须更大声地与食堂工作人员交流，才能听得见。这就是给别人造成干扰了，这样好不好？

生：不好。

师：而且呀，即便在家里，就餐的时候，也不要大声说话，或者大声发笑，否则，一不小心就会给我们的身体带来伤害。

生：老师，我知道，吃饭时大声说话，有可能会被呛到。

生：吃饭时说话可能会影响身体健康。

师：关于吃饭说话的危害，小麒麟还带来了专业解答呢！（播放视频）

在我们人的身体当中，气管在前，食管在后，它们两兄弟挨在一块共用一个入口，那就是咽喉。食管是食物走的通道，而气管则是气体走的专用通道，除了气体啥都不能进，为了防止其他东西闯入，就在顶端装了一个自动门，医学上把它叫作会厌。会厌平时是敞开的，方便气体进出，当人开始吞咽时，就会立刻关闭。可是当我们吞咽到一半的时候开始说笑哭闹，会厌就会打开，有时甚至造成人无法正常呼吸，危及生命。人说话时，可产生170个飞沫，飘扬1米，最远达1.2米。在飞沫中，大部分是水分，含有少量的蛋白质、脱落细胞和病菌。一些微小的飞沫从口腔排出后，一部分射落于地，一部分因水分蒸发而形成更为细小的飞沫核，悬浮于空气中，传播疾病。

师：2013年，我国首次发现禽流感疫情的时候，就有专家提出，应改变传统就餐交流模式，提倡在公共场所就餐"悄无声息"，这主要是为了杜绝唾液在空气中的传播，或飘散到其他人的饭菜里。此外，在公共场所吃饭不说话，还是一种文明的体现，喧哗嘈杂的食堂，会形成听觉污染，让人感到不舒服。既然在学生食堂就餐大声说话有这么多危害，那么，我们应该怎么做呢？

生：吃饭时尽量不大声说话，或者干脆不说话。

生：要保持安静。

师：是的，我们应该做到——无声就餐。（指读：无声就餐。）

【设计意图】通过学生食堂就餐的视频，让学生观察在食堂就餐大声说话的坏处，再通过小麒麟的专业解答，让孩子们对吃饭说话的危害有更深的了解，从而引出主题——无声就餐。

二、无声就餐概念和无声就餐手语

师：说起无声就餐，咱们学校正在评选无声就餐最美代言人呢，一起去听听校园电视台的广播吧！（播放校园电视台视频）

亲爱的老师们、同学们，欢迎大家收看今天的校园新闻。为了进一步优化学校的育人环境，倡导文明、和谐的就餐秩序，我校决定开展无声就餐活动。学校将在每班评选两名学生，成为无声就餐最美代言人。无声就餐，让文明成为一种习惯，大家行动起来吧。

师：哇！每个班级有两个名额呢！大家想不想被选上？

生：想！

师：为了让大家都有机会成为最美代言人，我们和小麒麟一起去学习吧！

无声就餐，就是倡导在就餐过程中，学生安静用餐，以微笑、眼神以及统一的手语与老师沟通，从而达到集体安静有序的一种用餐方式。

师：可是不说话，要怎么解决添饭、添菜、加汤的问题呢？要提醒别人不说话，提醒他人不敲餐盘，又要怎么做呢？

师：请大家四人为一个小组进行讨论，请组长来汇报交流的成果。

小组1：我们用动作来表达，如果要添饭菜就举起手；有人说话，可以用手拍拍他。

小组2：我们是用手势，伸出1根手指就是添饭，伸出2根手指就是添菜，伸出3根手指是添汤。

师：你们都有一个充满智慧的小脑袋，看来你们和小麒麟想到一块去了，他也带来了法宝——无声就餐手语。

（师生在交流中共同确定无声就餐手语，及时板书。）

师：小麒麟邀请大家一起来练习手语，我来说，你来做。（1添饭，2添菜，3添汤。食指放在嘴巴前，提醒他人不说话。食指交叉，提醒他人不做不文明行为。）

师：老师还创编了一套无声就餐手语操。跟着视频一起动起来吧！

师：小麒麟还请来了三位小演员，请你们仔细观察，说说他们的行为是否正确。

（小演员根据老师事先提供的《学生有声就餐》视频，进行行为模仿表演。）

演员1：吃饭的时候，用勺子敲碗。

演员2：啊，这汤太好喝了，我要添汤，我要添汤！

演员3：哎哎，我最近发现了一个非常好听的故事，要不要我讲给你们听听？

生：1号同学，在吃饭的时候，用勺子敲碗，这样不好。

生：2号同学，在吃饭的时候，大喊大叫，不文明。

生：3号同学，在吃饭的时候，还跟人讲故事，没有注意这是公众场合。

师：他们应该怎么做？

生：无声就餐。

师：（指读）公共场合讲文明，无声就餐不扰人。

师：掌握了无声就餐手语，我们就可以做到吃饭过程中无声。（板书：吃饭过程中要无声。）看来大家离最美代言人又进了一步呢！

小麒麟：可是呀，无声就餐不仅仅要求我们吃饭过程中不说话，就餐前和就餐后的礼仪也彰显着文明呢！你们知道要注意些什么吗？

生：吃饭之前要排队，不推也不挤。

师：没错，我们要排好队有秩序地打餐，要做到排队打餐有秩序。（板书：排队打餐有秩序。）

生：吃饭后要记得整理餐桌。

师：是的，吃饭后要整理餐桌、送餐盘，也要保持安静。你们看，她是怎么做的？（播放示范视频）

生：她将餐桌上的饭粒打扫干净，叠好了毛巾。

生：她弯下腰来轻轻放餐盘。

师：我们可以把它总结成三步：第一步，清理餐桌；第二步，叠好抹布；第三步，轻放餐盘。（师边讲边示范）

师：为了考验你们是否学会了，小麒麟设置了一场餐后整理大比拼，男女生各派出一人参赛。比赛规则：整理餐桌，一颗星；叠好抹布，一颗星；轻送餐盘，一颗星。看看谁能获得三颗星，像视频里的孩子一样能干。请其他小朋友当当小评委。

小麒麟：这两位小朋友都表现得不错，相信他们一定能成为无声就餐最美代言人。

师：那其他的小朋友呢？想不想来试一试？老师请一组小朋友上台来体验。（学生模拟在食堂就餐，根据语音提示抹桌子、叠放抹布、分类轻放餐盘。）

师：看来你们掌握了无声就餐的第三个秘诀——餐后整理有方法。（板书）

【设计意图】老师引导学生小组合作讨论确定手势操，通过视频示范学会如何收拾餐桌、轻放餐盘。

三、总结提升

师：无声就餐的三个秘诀就在黑板上了，大家一起读一读吧。（学生齐读板书）

小麒麟：你们真是太棒啦！我把无声就餐的知识编成了三字经，一起来读读，让我们熟记于心。

就餐前，先洗手，排好队，慢慢走；

食不语，有规矩，手语操，来帮忙；

收餐桌，送餐盘，弯下腰，轻轻放；

好习惯，在自己，有教养，终生益。

师：小朋友们，无声就餐是一个好的习惯，大家一定要坚持哦！你们看，这是好习惯记录卡，今天老师要将这张卡发给大家，请大家每天自我监督，如果你能做到无声就餐，就可以获得一个小麒麟贴。今天在课堂上获得了的小朋友也可以贴上，一个月后谁的奖励贴最多，就能成为无声就餐最美代言人了，你们能坚持下来吗？

有同学会问，我们学校提倡无声就餐，是不是在就餐的过程中，一句话都不能说呢？也不是这样的，无声就餐不是一句话都不能讲，如同学们确需沟通，要尽量做到轻声细语，不对周围人造成干扰。学生食堂，是一个公共场合，这里人员多，环境封闭，而每个人身上都带着一些病菌，为了减少病菌通过飞沫传播，为了保护大家的健康，我们应该努力做到：公共场合讲文明，无声就餐不扰人。

如果在家里就餐，那就不属于公共场合，是私人场合，家人之间，为了融洽感情，可以说话，但是也要注意，不要大声，更不要突然大笑，以上动作容易让食物呛到气管里，影响我们的身体健康。

师：孩子们，好习惯在一朝一夕中养成，希望你们从自我做起，从一点一滴做起，养成好的习惯，做一个文明的学生。

【设计意图】以三字经总结提炼方法，让孩子们熟记于心。用好习惯记录卡监督孩子每日做到无声就餐，养成好习惯。

第5节　学会使用文明用语

宁乡市历经铺街道恒大实验小学　曾荣

【班会背景】

"人有礼则安，无礼则危。"中国自古以来就是礼仪之邦，讲文明、讲礼貌是中华民族的优良传统。学生作为未来的建设者和接班人，更应该将传统礼仪传承好、学习好。一年级的孩子刚进入小学校园，各方面需要尽快适应，如果没有良好的引导，很容易忽视文明用语的使用。为了让孩子们从小学会使用文明用语，拥有良好的人际交往能力，适应集体生活，养成良好习惯，特设计本节班会课，以引导孩子们在体验中明白文明用语的含义、作用和使用方法。

适用年级：小学一年级。

【班会目标】

1. 认知提升：知晓什么是文明用语，知晓常用的文明用语有哪些词汇，知晓在学习生活中根据不同的情况使用不同的文明用语。

2. 价值塑造：文明用语，可以让人际交往更顺畅，班级发展更和谐，个人形象更美好。

3. 外化于行：在学习生活中，经常使用文明用语，习得使用文明用语的习惯。

【班会准备】

1. 资源：视频《问路》《文明用语"灭火器"》，课件。

2. 思路：一年级学生，思维是具体的、跳跃的、点状的，本节课老师提供给学生的知识内容，都是描述性的，没有严谨的逻辑结构，但符合学生的年龄特点。通过观看不文明行为动画视频，交流生活中的不文明行为和导致的后果，引导孩子们分析使用文明用语能够带给我们的好处就是：让人际交往更顺畅，班级发展更和谐，个人形象更美好。

一、视频激趣，导入新课

师：孩子们，你们在生活中有过问路的经历吗？让我们一起来观看一个动画片，看看他们是怎样问路的吧！（播放视频《问路》）

一位年轻人向路旁的一位老者吼道："喂！糟老头！锦溪怎么走？"老者没理会他，他又怒吼："喂！你没听见吗？快点告诉我！"他一边吼一边摇晃着老者，把老者的眼镜都晃到地上了，老者还是没理会他。年轻人说了句"原来是个蜡像，切"，便走远了。接着，一个小朋友看到老者，便有礼貌地问道："老爷爷，去锦溪是走这条路吗？"他还帮老者找到眼镜并帮他戴上，老者夸奖："你真是个有礼貌的孩子！去锦溪就是走这条路！"小朋友说："谢谢您，老爷爷！再见！"过了一会儿，小朋友已经到达目的地，年轻人却还在徘徊……

师：同学们，故事中这两个人找老爷爷问路，结果相同吗？

生：不相同。

生：年轻人没问到路，小朋友问到了。

师：那这是为什么呢？

生：因为年轻人不懂礼貌，所以老爷爷没告诉他路怎么走。

师：你能给年轻人提提建议吗？

生：他应该先尊称老者为"大叔"，还要用上"请问"和"您"等词语。

生：他不应该骂人，要讲文明。

师：是啊，在这个故事中，我们发现了这位年轻人说话的语气不好，态度不好，不尊重人，没有使用文明用语。

师：（小结）学会使用文明用语，让人际交往更顺畅。

今天这一节课，我们就一起来探究——学会使用文明用语（板书课题）。

【设计意图】通过观看视频导入新课，激发学生兴趣，同时让孩子们明白为什么要学会使用文明用语。

二、文明用语我知道

师：做一名文明小学生，首先要做到语言文明。那么，你在什么时候会用到文明用语呢？

昨天，老师准备给好朋友叶子阿姨打个电话，当我拨过去，却听到电话那头传来一个陌生男士的声音，我才意识到原来我一不小心拨错了号码，我连忙对他说："对不起，我打错了，不好意思，打扰了！"我用到的文明用语有——对不起、不好意思、打扰了（板书）。

生：昨天，在美术课上我发现自己忘记带水彩笔了，就向我的同桌借来用，我对他说：谢谢你！

生：放学时，老师送我们到校门口，爸爸妈妈来接我们，我们挥手向老师说"再见"。

生：我在家时不小心把妈妈的水杯打碎了，我赶紧向妈妈说："对不起"！妈妈回答说："没关系。"

生：去旅游的时候，我迷路了，就找到一位保安叔叔帮忙，我问叔叔："您好，我和我妈妈走散了，请问您可以借我手机给我妈妈打个电话吗？谢谢您！"

……

（老师根据学生的回答板书相应的礼貌用语：谢谢、再见、对不起、没关系、您好、请问……）

【设计意图】在学生交流活动中对日常生活中的文明用语进行归纳，初步明白什么是文明用语。

三、文明用语我会用

师：在生活中，文明用语的作用就像一个"灭火器"，能够扑灭对方的怒火，来，我们一起来看一个视频。（播放视频《文明用语"灭火器"》）

镜头一：年轻人一边看手表一边匆匆赶路，一不小心踩到路人的脚，对方火冒三丈，这时年轻人马上诚恳地说："对不住，对不住啊哥们儿！"路人的怒火瞬间消失，笑着说："哈哈，没事儿。"

镜头二：小鸭子一边哼着音乐一边闭着眼前进，一不小心撞倒了小花猫，小花猫特别生气："你怎么走路的啊！"小鸭子连忙扶起小花猫，诚恳地说："对不起对不起！"小花猫笑着说："没关系。"

镜头三：服务员在咖啡馆给客人端咖啡时不小心把咖啡洒落在顾客的书上，顾客非常生气地说："你怎么回事儿？！"服务员马上一边擦拭一边说："抱歉，抱歉！"顾客笑着回答："不要紧，不要紧。"

师：看完这个视频，请大家结合自己的故事，同桌之间相互讨论：文明用语给我们带来了什么？

（学生讨论，师巡视，适时引导。时间：4分钟。）

（指名汇报。）

生：有时候，我们不小心伤害了他人，如果能够马上道歉，就能被原谅。

生：文明用语就像一个"灭火器"，可以让别人的火气被浇灭。

生：文明用语可以让我们拥有更多好朋友。

师：（小结）文明用语就像润滑剂。在生活中，当我们不小心给别人造成不良影响时，只要及时真诚地进行道歉，通常就可以获得他人的原谅，避免矛盾的发生。

师：在生活中，我们常常会听到、用到这些礼貌用语，你能和同桌一起演一演吗？

场景一：写字课上，你发现自己的铅笔写不了了……

场景二：课间活动，你不小心踩到了同学的脚……

场景三：老师到你家来家访，爸爸妈妈暂未回家，作为小主人……

（学生以小组为单位，自由练习6～8分钟，师巡视并进行适当指导。）

（小组展示：每个情境选择一组同学上台进行展示。）

1. 场景一。

A：同学你好，我的铅笔突然写不了了，请问你可以借给我你的铅笔用一下吗？

B：可以，给你。

A：谢谢你！我一定会好好爱惜的。

B：好的，不用谢！

师点评：这一组孩子的表演很真实，用上了铅笔的道具，使用了请问、谢谢你、不用谢等文明用语。而且借铅笔的孩子很有诚意，如果我们平时也能做到讲文明用语，相信每个孩子都会乐意帮助我们的。

2. 场景二。

A：哎哟！

B：同学，对不起，对不起！我不是故意的！你没事吧？（弯腰帮 A 擦鞋子）

A：没关系，下次要小心一点哦！

B：好的好的，实在是抱歉！

师点评：这组孩子表演时不仅动作到位了，连表情也十分真实！这位同学用真诚的道歉平息了对方的怒火，避免了矛盾的产生，让我们朋友之间相处更加和谐美好！

3. 场景三。

叮咚——

A：谁呀？

B：小明你好，我是李老师，来你家进行家访。

A：您好，李老师，快请进！我爸爸妈妈还没下班，您先坐一会儿吧！

B：好的，小明。

A：（端水杯）老师，请喝茶！这里有水果，您吃一些吧！

B：谢谢你，小明，你真是个懂礼貌的孩子！

A：谢谢老师夸奖，我带您参观我的书房吧！

B：好的，小明，你爸爸妈妈不在，老师就先回家了。

A：老师，那我送送您吧！老师再见！欢迎您下次再来我家做客！

B：好的，小明，再见！

师：（点评）感谢这一组同学的精彩展示，让我们感受到了他对老师的尊敬和对客人的热情礼貌，他用文明用语拉近了和老师之间的距离，在老师心里是一个文明有礼的好孩子！

师：同学们，通过刚刚的活动，我们已经知道了：一个文明有礼的人，应该是语言文明、态度亲和、举止端庄的。如果我们校园里的每一个孩子都会使用文明用语，那我们的校园生活、班级生活会发生什么变化呢？

〔教师引导学生分组交流和讨论：因为人人使用文明用语，所以我们同学之间的关系更（和谐、融洽等）；我们的校园里不再有污言秽语、追逐打闹，人人都变得（文明、有礼）；老师和家长们看到我们时刻使用文明用语，会觉得我们（懂礼貌、尊重他人）。]

师：可见，文明用语好处多多，文明用语可以让人际交往更顺畅，让班级发展更和谐，让个人形象更美好。

过渡：所以，我们要从小事做起，从细节做起，努力做一个学礼、明礼、知礼、守礼的人。同时，我们还要影响和带动身边的人，共同创建文明和谐的社会。现在，就让我们将今天学到的文明用语编成一首儿歌，送给你身边的人吧！

儿歌创编：与人交往知礼仪，尊重他人别忘记。见面微笑问（您好），求人用（请）诚意高，得人帮助道（谢谢），无意伤人（对不起），分别不忘说（再见），文明用语记心间！

【设计意图】通过情景再现引导学生学会使用请问、谢谢、不用谢、对不起、没关系、您好、请、欢迎和再见等文明用语。

四、文明用语伴我行

实践活动：学校举办首届校园礼仪文化节，需要招募代言人。现在，请你以学校代言人的身份，向来学校参观的嘉宾（同伴扮演）介绍我们的学校、班级或你自己，并请同伴为你的表现打分（每使用一个礼貌用语即得到1颗星）。

提示：可以先向客人问好，再向他介绍我的爱好、我的学校、我的班级等。（3分钟）

反馈评价：

1. 刚刚你得到了几颗星？

2. 你都学会了使用哪些文明用语？

课堂小结：

师：孩子们，播下一粒种子，收获一片希望；播下一种行为，收获一种习惯。举手投足展示文明形象，一言一行彰显校园文明，让我们一起努力，争当文明小标兵！

【设计意图】创设开放式情境，引导学生在体验中习得文明用语的使用方法。

第6节　我很诚实

湘潭县天易贵竹学校　盛芊

【班会背景】

小学阶段是儿童诚实品格形成的关键时期，在这一阶段给学生播下诚实的种子，让他们知道什么是诚实，在人与人交往中做到诚实非常重要。诚实的品质如果在儿童幼年时期就播下种，扎下根，将对儿童一生诚实做人产生重大影响。

适用年级：小学二年级。

【班会目标】

1. 认知提升：知道诚实就是不撒谎，说实话，不虚假，不隐瞒。

2. 价值塑造：诚实的人才是值得信任的人。

3. 外化于行：在现实生活中，做一个不说谎话、不弄虚作假、知错能改的人。

【班会准备】

1. 资源：视频《明山宾的故事》《动物儿歌》《疫情期间谎报瞒报》《诚实记心中》，诚诚的音频、匹诺曹的音频、张芳的故事的音频。

2. 思路：从相反指令开始，引出诚信话题，整堂课用四个活动进行串联，让学生了解什么是诚实，为什么要诚实，怎样践行诚实。鼓励学生积累诚实币，在生活中集小善，提升自身素养。

一、游戏导入，引入话题

1. 相反指令。

师：老师想先和我们班的同学玩一个游戏，游戏的名字叫"做相反动作"，请大家做出和我的口令相反的动作。比如说我说举左手，你们就——

生：举右手。

师：真聪明！请听，游戏开始啦！

起立！请坐！手掌向上！手掌向下！举起左手！举起右手！

2. 随机采访。

师：同学们，刚才你们玩游戏的过程中，玩得有些热火朝天，我呢，看得有些眼花缭乱。在这几个回合中，哪些同学赢得了最终的胜利呢？请举手。

师：有哪些同学在游戏过程中，出过错呢？请起立。

师：（随机采访）你是哪个回合出错？

生：你说起立的时候，我起立了。

生：举左手的那个环节我做错了。

生：也是起立那里错了。

生：你说坐下时，我坐下了。

3. 板书课题。

师：像这些同学不虚假、言行一致的行为就是诚实，今天我们就一起围绕诚实聊一聊。（板书课题）

【设计意图】通过游戏导入新课，激发孩子们的学习兴趣，引出本课学习的主题——我很诚实。

二、了解诚实行为

我们生活中需要诚实，孩子们一定听过《狼来了》的故事，一个人总是撒谎，人们就不会信任他了。今天老师也带来了一个故事，我们一起来看一看。（播放视频《明山宾的故事》。）

师：孩子们，看了《明山宾的故事》，你觉得他是一个什么样的人？你从哪里看出来的？

生：他是一个诚实的人，他卖牛的时候，本来要提高价格，因为之前写好了卖三两银子，还没来得及改，所以他还是三两银子卖给了别人。

生：我也觉得他是一个诚实的人，他把牛卖给别人后，发现牛得过漏蹄病，于是他走了好远好远的路找到了买牛的那个人，把钱还给了他。

师：像明山宾这样说实话，不作假的行为就是诚实的行为。（板书：说实话，不作假。）

师：大家说，明山宾是不是一个傻子？他少挣了很多钱呢。

生：他一点都不傻，这样的人，才是值得信任的人，以后肯定会有更多的人愿意买他的东西，因为他不会欺骗人。

生：他获得了乡里乡亲的尊重。

师：（总结）你说得很好。老师告诉你们，明山宾呀，还凭借着这诚实的品德做了太子的老师。可见，长远看来，诚实一点都不吃亏。诚实是中华民族的传统美德，老师希望你们像明山宾一样，做一个说实话，不做假的人。诚实的人才是值得信任的人。

【设计意图】通过《明山宾的故事》，引导学生理解诚实（说实话，不作假），并对学生进行价值塑造：诚实的人，才是我们可以信任、愿意交往的人。

三、开设诚信存折

1. 出示诚信存折。

师：老师今天给你们准备了一个惊喜，就在你们的抽屉里，我们一起拿出来看一看。

谁能告诉我，这是什么银行的存折？

生：诚实银行的存折。

师：那怎么用呢？请听诚诚的介绍。

2. 诚诚介绍存折用法。

（播放音频：同学们好！我是诚实银行的诚诚，我们诚实银行要存入的是同学们的诚实。大家说过的诚实的话，做过的诚实的事，都可以换成诚实币存入我们的银行。学期结束，谁的诚实币多，就可以获得我们班的诚实之星的奖状。）

师：听了诚诚的介绍，你知道存入诚实银行的是什么吗？

生：我们的诚实。

师：你有过诚实的行为吗？

生：有。

师：那恭喜你们可以给自己的银行卡开户了。请拿出你的存折，在上面写上你的名字，让它成为你的专属存折。打开你的存折，把之前诚实的行为记录下来，以后我们可以记录更多的诚实行为。

师：老师希望你们不仅要记下来，并且要存在自己的心里，落实在自己的行动中。

3. 生活中的诚实之星。

（师随机采访，生谈感受。）

师：我相信我们班一定有很多诚实的人，谁能告诉我，谁是你心目中的诚实之星呢？

生：我觉得××是我们班的诚实之星，有一次，他捡到钱就交给了老师。

师：拾金不昧是诚实的行为，我们一起夸夸他（口令或掌声）。

师：请这两位孩子来取下诚实币，存入自己的存折。

师：我们身边还有很多孩子也有这种拾金不昧的行为，你瞧！

（课件出示身边学生拾金不昧的照片。）

师：还有谁想来说一说你心目中的诚实之星？

生：××是我们班的诚实之星，每次她答应我的事，无论多难，她都会做到。

师：愿意和她做好朋友的请举手。孩子，你看，这么多同学都想和你成为好朋友，你的心情怎么样？

（学生分享自己的心情。）

师：老师也为你感到自豪，老师要给这么诚实的你奖励一枚诚实币。

你有一双善于发现的眼睛，老师也要激励你一枚诚实币。请坐。

师：还有谁想来分享一下你心目中的诚实之星？你来。

生：有一次××不小心弄坏了我的书，当时我并不知道，但她还是承认了，并向我道歉，我觉得她是一个诚实的人。

师：虽然有可能会被朋友责怪，但是她依然承认了自己的错误，这叫作知错认错，这也是诚实的行为。（板书：知错认错。）奖励你们每人一枚诚实币。

我们一起欣赏一首有趣的儿歌。（播放视频《动物儿歌》）

师：孩子们都有一双善于发现美的眼睛，都能发现同学身上的诚实行为。接下来我们就在组内说一说自己的诚实行为。先别着急，我们来听诚诚说一说讨论的要求。

诚诚：小组讨论活动的要求：（1）说一件自己诚实的事。（2）小组长带组员一起评议，大家一致通过后存入诚实银行。

师：听清了吗？

生：听清楚了。

师：现在开始讨论吧。（学生讨论2分钟）

师：我听到声音渐渐小了，老师想要问一问你们，你们觉得最值得点赞的诚实行为是什么呢？谁愿意来分享一下？请你来。

生：有一次我不小心打碎了东西，妈妈虽然没有看到，但我还是向妈妈说了这件事。

师：知错，承认错误，老师为你点赞。请你取下诚实币，存入你的存折。还有谁想说一说？

生：我在操场捡到了10元钱，马上交给了老师。

师：老师要为你的诚实点赞。还有谁愿意说一说？

……

师：诚实的行为还有很多很多，它藏在孩子们的学习生活中，等待着你去发现、去行动。（板书省略号）

【设计意图】学生将自己的诚实行为兑换成诚实币，存入诚信银行，引导学生积累小善。

四、论不诚实的后果

师：那么不诚实又会产生什么后果呢？老师今天呀请来了一位朋友——爱说谎的匹诺曹。

（播放音频：大家好，我是爱撒谎的匹诺曹，很高兴来到这里，我想和你们做朋友，你们愿意吗？）

师：（随机走下台，询问同学）你愿意和爱撒谎的匹诺曹成为好朋友吗？

为什么？

生：不愿意，因为他总是说谎，答应的事做不到。

生：不愿意，这样的人会让我没有安全感。

生：不愿意，他爱说谎，我不会相信他。

师：看来大家都不会和爱撒谎的人做朋友，不诚实的人永远不会——

生：受欢迎。

师：对！因为只有诚实的人才是值得信任的人。

师：诚实是一个人做人的基本品质，只有诚实才会获得别人的信任，愿意与你交往。不仅个人需要诚实，社会也需要诚实。（播放视频《疫情期间谎报瞒报》）

师：看了这样的新闻，看到这样的李某，你有什么想说的？

生：这样的行为不仅会害了自己，也会害了别人。

生：这样做会影响公共秩序，危害到身边很多人。

师：这样的不诚实行为害人害己，危害社会秩序的稳定。

师：所以，我们平常在学习和生活中，不能抄袭作业，也不能请爸爸妈妈代写作业，我们从小就要做一个诚实的人，因为只有诚实的人才是值得信任的人。

【设计意图】让学生理解不诚实的人不受人欢迎，不诚实的行为还可能会危害社会。诚实是人的立身之本，不仅个人需要诚实，社会也需要诚实。

五、践行诚实守信

1. 张芳的心事。

师：同学们，在我们的日常学习生活中，有时候可能会撒谎，有的可能是怕被批评，有的可能是怕同学笑话，有的可能是想要吹牛，就因为当时一个小小的念头，我们就撒了谎。有一个同学张芳，她也有这样的经历，我们一起来听一听她的故事，猜一猜她的心事。

（播放音频：学校要举办手工作品竞赛，张芳对自己的作品不满意，便拿妈妈的作品参赛。）

师：张芳此刻的表情是怎样的？（开心）

师：你觉得她可能在想什么？

生：虽然我做得不是很好，但是我有妈妈做的精美作品，一定能得奖。

生：妈妈做得那么好，我把妈妈的作品交上去，一定会得到老师的表扬的。

师：于是呀，抱着这种自信满满的心态，抱着拿奖的心态，张芳接下来会发生什么故事？我们一起来听听看。

（播放音频：老师表扬张芳做得很好，同学们都跑来看张芳的作品。小燕、李红问张芳这么漂亮的小花篮是怎么做的。）

师：此刻，张芳的表情是？

生：为难。

师：很为难是吗？你觉得此时此刻她有可能在想什么？

生：我应该怎么回答？她们会不会知道花篮不是我做的？

生：我再撒个谎，先过了这一关再说。

师：故事到这里还没有结束，我们一起来看看又发生了什么故事。

（播放音频：老师把张芳的作品发到了家长群里。）

师：此时张芳的心情怎么样？

生：害怕。

师：害怕什么呀？

生：妈妈会不会找老师说明情况？老师会不会批评我？

生：妈妈看到后会不会责骂我？

师：这样的撒谎后果严不严重啊？猜想一下，现在的张芳心情怎么样？

生：如果当初我好胜心没那么强，拿自己的作品参赛就好了。

生：如果当初我交作品的时候，就跟老师说作品是妈妈完成的，就不会这样了。

师：同意你的观点，如果当初我们选择了诚实，还会有现在这样的结局吗？可惜呀世上没有后悔药。我相信，张芳在经历了这件事后，一定会吸取教训，做一个诚实的人。

2.学生勇敢地承认自己犯下的错误。

师：同学们，我们生活中是不是也犯过类似于张芳这样的错误呢？现在我要请你们挑战一下自己，勇敢地承认错误，并改正自己的错误，获得更多的诚实币。

师：有一次我偷偷拿了妈妈的钱去买了吃的。妈妈问我，我说没拿。

现在我明白了，（　　　　　　　　）。

有一次考试没考好，我不想爸爸妈妈知道，我就找别人，或者我自己替家长签了字。

现在我明白了，（　　　　　　　　）。

有一次我没有写家庭作业，老师问我，我说我写了，只不过落在了家里。

此刻我明白了，（　　　　　　　　）。

曾经（　　　　　　　），现在（　　　　　　　　　）。

师：孩子们，老师要为你们承认错误并能改正错误而点赞。

3. 无人售卖店。

师：同学们，我们不仅在学习生活中要做到诚实，走入社会也要讲诚信，你们看，现在有这种无人售卖机、无人售卖店，考验的也是我们的诚信。

课堂总结：同学们，只有诚实的人才是值得信任的人，老师希望你们在课后，把更多的诚实行为存入到诚实银行。学期结束后，只要你获得的诚实币达到20枚以上，就能获得我们班的诚实之星的奖状啦！

【设计意图】 师生对话交流，猜张芳在虚荣心作祟下弄虚作假后的心事，分享自己诚实的故事，让学生理解诚实的含义，就是不弄虚作假。积累诚实币，就可以获得诚实之星的奖状，鼓励学生集小善。

第7节　学会整理

湘潭县天易贵竹学校　李凤林

【班会背景】

班上有一些学生，晚上做完作业以后，书包整理的事情就交给了父母，还有一些学生，认为自己年纪小，还学不会整理。为了改变低年级学生的这种依赖心理，我开发了这堂班会课，目的有两个：第一，渗透给学生一种意识，即自己的事情自己做，自己不会做的事情要学着做；第二，手把手教会学生怎样进行整理，主要是教方法，并要在课堂上采用比赛的方式来进行练习，让学生学会分类，学会整理。

适用年级：小学二年级。

【班会目标】

1. 认知提升：知晓如何按照一定的标准或者自定的标准进行分类，知道整理书包、玩具、课桌的步骤和方法。

2. 价值塑造：自己的事情自己做，自己不会做的事情学着做。

3. 外化于行：养成整理自己物品的好习惯。

【班会准备】

1. 资源：谜底为书包的谜语，视频《小学生在书包里找笔》，临时借用学生的一个书包，整理书包比赛背景音乐，临时借用学生的一张课桌（比较凌乱的），手机（用于拍照学生整理的作品上传到课件）。

2. 思路：从整理书包开始，老师手把手进行教习，让学生经历分类的过程，学会按一定标准进行分类，学习和掌握整理的方法，并以此延伸到其他方面，通过练习，让学生学会整理，并培养成为习惯。

一、谜语导入，引出主题

师：小朋友们，大家好，今天上课呀，李老师给大家带来了一个谜语，我们一起来猜猜看。

（课件出示谜语：它是我的好朋友，每个同学全都有，笔墨书本帮我拿，可我还得背它走。）

生：书包。

师：你真聪明，一下子就猜出来了。孩子们，我们的小书包里都会装些什么呢？

生：文具盒，书本……

生：跳绳，水壶……

师：书包里装的都是我们学习的小伙伴，这些小伙伴虽然只有小小的身子，

但是它们对于我们的学习、生活用处可大了。咦，你看，这个小朋友的学习小伙伴不见了。(播放视频《小学生在书包里找笔》)

  一个男孩子，在书包里找了一番之后，揪着一把头发，口中大叫："啊，我的笔，今天早上还在的，上语文课肯定完蛋了。"

  师：那找不到自己的学习小伙伴会怎么样呢？
  生：需要用到的文具上课没有，会影响学习。
  生：也会影响他人，可能需要跟同学借。
  生：影响家长，爸爸妈妈在上班，可能要请假给他送文具。
  师：你们在学校遇到过这样的情况吗？为什么会出现这样的情况？
  生：没有养成整理的好习惯。
  师：大家分析得很对，在没有整理好的书包里，我们经常会出现找不到自己的学习小伙伴的情况，给我们的学习带来了很大的麻烦。在上这堂课之前，老师遇到了两位小朋友，他们平时是这样想的，你们帮老师判断一下，他们的想法对不对。第一个小朋友认为：整理书包是妈妈的事情。所以呢，他的书包每天晚上都是妈妈帮他整理好的。
  生：不对，书包让妈妈整理是不对的，我们应该自己的事情自己做。
  师：第二个小朋友认为：我的年纪还小，我不会整理。
  生：也不对，不会整理，我们可以学习整理，如果我们小时候不学会整理，大了也不会养成整理的好习惯。
  师：大家说得很对，自己的事情自己做，自己不会做的事情学着做。今天我们就一起来学习如何整理。(板书课题：学会整理。)

  【设计意图】通过视频创设情境让学生感受找不到物品的焦急，并知晓后果，让学生知道学会整理的重要性。

二、探索方法，比赛练习

  师：你们平常都是自己整理书包的吗？有什么好办法吗？

生：我每天都是自己整理书包的，我把书和本子放到一起，学具放到一起，分类摆放。

生：我把大的东西放大的袋子里，小的东西放小袋子里。

师：看来大家都有自己的好方法。李老师这里有一个书包，我想请一个同学来背背看。(指名学生背)采访你一下，你背上书包什么感受？

生：有点重。

师：这个书包就是大家平常背的书包哦，我们打开来看一看，你有什么发现？

生：他的书包里面有好多东西。

师：是呀，书包里面塞得满满的，什么东西都有，难怪书包会变成了一个小胖子，那聪明的你们有什么好办法为书包减减肥吗？

师：别急别急，我们可以把自己的想法先跟同桌说一说。

师：到底怎样才能给书包减肥呢？

生：把书包整理好，当天不需要的东西放在家里。

师：怎样才知道哪些是当天不需要的东西呢？

生：看课程表。

师：请看，这是我们班这学期的课程表，请大家仔细看，星期四有些什么课？（指名读）

师：李老师这里就有一个胖胖的书包，谁能来给它减减肥呢？我想请个整理小能手来试试。(指名整理)

师：谁来说说他整理得怎么样？

生：整理得很好，把不需要带的东西都拿出来了。

师：是呀，我们自己在家整理书包的时候，可以把需要用的东西放在书包里，不需要的东西放在家里。这样就能给我们的书包减肥啦！老师想再请一个小朋友来提一提这个书包，感觉怎么样？

生：变轻了。

师：这就是李老师今天要教给大家的第一个秘诀。(板书：按表整理重量轻。)

师：根据课程表整理书包，能减轻我们身体的负担，让我们的书包变轻。这就是我们整理书包的第一步。那需要的东西都准备好了，我们要怎样装进书包呢？

生：分类装，大的放一起，小的放一起。

师：按大小，好方法。还有吗？

生：按学科，语文书和语文本放一起，数学书和数学本放一起。

师：（边说边演示）是呀，按学科分类也是一个不错的方法呢！上课要用的书和本子一下子就拿出来了，可方便了。这就是我们整理书包的第二个小秘诀啦。（板书：按类整理条理清。）

师：把书装进了书包，书包就整理完了吗？我们还可以怎样做呢？

生：再检查一遍。

生：看看是不是还有忘记带的东西。

师：你真是个细心的孩子，其实整理书包就跟我们平常做题一样，养成检查的好习惯才不会遗漏东西。这就是老师要跟大家分享的第三个秘诀啦。（板书：检查回顾无遗漏。）

师：将书本放回书包之后啊，我们可以再检查下，也可以回忆一下老师提醒大家第二天要带哪些东西。比如，语文课上，如果明天要查字典，那我们应该把字典也装进书包，还有数学课上要用的钟表、尺子，美术课上要用的卡纸，等等。有计划、有步骤地整理能降低我们整理的难度，还能帮我们理清思路，避免遗漏重要的物品哦。

师：关于书包的整理，我们用到了三个步骤，哪三个？

生：（齐读）按表整理重量轻；按类整理条理清；检查回顾无遗漏。

师：整理书包的方法你们学会了吗？

生：学会了。

师：那我们就来进行一个整理书包的比赛吧！请注意：孩子们，我们每一人的书包是不一样的哦，但是都可以用同样的方法进行整理。

〔出示活动要求：（1）保持安静，只动手不动嘴；（2）将物品整理整齐；（3）要有一定的速度，音乐停止，我们就要停下来；（4）整理完成好马上坐好。学生在座位上整理自己的书包。〕

师：时间到，接下来老师可要随机抽查整理的效果哦。我们来看这个同学的，他做得怎么样？

生：他整理得非常好，分好了类，也分层放了，书包里非常整齐。

【设计意图】引导学生总结出整理书包的方法，并通过现场的整理书包活动进行巩固，将学到的方法运用到实践中去。

三、知识迁移，实践运用

师：通过刚才的学习，相信大家都学会了整理书包的好方法，那还能不能用这个方法整理其他的地方呢？

生：我们的房间。

生：图书角。

生：课桌。

师：老师之前调查过，咱们班里呀，有许多整理小能手，他们早就能灵活地运用各种整理、收纳的好办法了，今天，我们来进行一场"我会整理"的比赛，怎么样？比赛分四个小组进行，抽签决定整理的内容，请每个小组的组长上台来抽签。

"我会整理"比赛

电脑屏幕上有数字1、2、3、4，组长上台以后，点击自己选定的数字，链接到相应的比赛内容：

1. 整理我们班级的图书角；
2. 整理我们班级的工具角；
3. 整理某某同学的课桌（比较乱的课桌）；
4. 整理老师带来的一个玩具箱（里面有凌乱摆放的学生平时喜欢玩的玩具）。

（3分钟之后按组次进行展示，老师用手机将学生整理后的作品拍照投屏。播放图书角、工具角、某某同学的课桌、玩具箱整理前后的对比图。）

师：看着这些整理后的场景，你有什么想说的吗？

生：好整洁啊！

生：我要学会整理。

师：是啊，图书角、工具角、我们的课桌、玩具箱，因为有了整理，它们前后的对比是如此的明显。自己的事情自己做，自己不会做的事情学着做。学会了整理以后，我们今天放学回家以后，可以用今天学到的方法，整理你的小房间、小衣柜、小书桌等等，可以吗？

生：（齐）可以。

【设计意图】通过对比整理前后的图片，让学生感受整理的效果和整理的作用，增强学生养成整理好习惯的意识。

四、总结延伸

师：孩子们，爱整理是一个好的习惯，大家一定要坚持哦！你们看，这是好习惯记录卡，大家的抽屉里都有一张，请大家每天自我监督，如果你能做到每天整理自己的书包，就可以获得一颗小星星，如果能自己整理房间，也可以获得一颗。一个月后谁的小星星最多，谁就能成为我们班的"整理小达人"。大声地告诉老师，你们能坚持下来吗？

生：能。

师：自己的事情自己做，我们的小手就会越来越灵巧。在生活中，有很多东西需要我们经常去整理，整理时请大家运用今天学到的方法，每天都整理，用完放回去。

【设计意图】让学生将课堂所学和生活实践结合起来，从而在实践中加深对整理的重要性的认识，更快地在实践中学会整理。

第 8 节　学会倾听

湘潭县天易贵竹学校　周师思

【班会背景】

倾听，是交流的基础。但在教学生活中，我发现很多学生不会倾听，主要表现为：有的学生在课堂上坐得端正，不讲话，不左顾右盼，一直盯着老师或者黑板，但其实并没有认真听讲，而是思维游离在发呆；还有的学生，不善于听取同学的发言，在同学发言的时候急于发表自己的见解；等等。这些现象若得不到及时纠偏，就会导致学生不会听课，不会思考，不懂得尊重别人，不能做到取人之长补己之短。所以，要让学生认识到倾听的重要性，掌握倾听的基本方法，学会倾听。基于此目的，特设计了本节班会课。

适用年级：小学二年级。

【班会目标】

1. 认知提升：学会倾听就是要做到专心、用心和耐心。

2. 价值塑造：学会倾听，使我们的学习更加高效，让我们得到更多人的尊重，更是我们讲文明懂礼仪的表现。

3. 外化于行：将倾听的技巧，运用到课堂听课、同学交流中去，做一个会倾听的人。

【班会准备】

1. 资源："你说我做"小游戏，音频《乌龟和乌鸦》《心算小考验》，视频《一盆可爱的小肉肉》《螺丝钉小诺上课插嘴》。

2. 思路：根据二年级的学生的年龄特点，采用游戏和体验的方式，告诉学生倾听秘诀，最后实现对学生的价值塑造——学会倾听，使我们的学习更高效，是我们讲文明的表现。

一、游戏导入，感受倾听的重要性

师：孩子们，你们喜欢做游戏吗？（喜欢）那我们就一起来做个小游戏，这个游戏的名字叫"我说你做"。

游戏规则是：请全班同学都将双手举起放在课桌上，手指伸开，目视前方黑板，不准与身边的同学交流，也不准看身边的同学。老师播放一段音频，当听到"乌龟"时，男同学倒下一根手指，当听到"乌鸦"时，女同学倒下一根手指，播放结束以后，老师会请几个同学站起来展示他的手指倒下的情况。听清楚了吗？

生：（齐）听清楚了。

（老师播放故事《乌龟和乌鸦》的音频。）

森林里的池塘边住着一只小乌龟，他有一双乌溜溜的大眼睛。有一天，乌龟在外面玩，忽然看见一只乌黑羽毛的乌鸦在天上飞，边飞边喊："兄弟，快跑，巫婆来了！"乌龟连忙把头缩进壳里，乌鸦则躲进池塘边的茅屋。

过了一会儿，乌龟见周围没什么动静，探出头来一看，才发现刚才乌鸦看见的既不是巫婆，也不是巫师，而是乌云。这时天空乌云密布，眼看就要下大雨。好心的乌龟把乌鸦请到屋里避雨，可是乌鸦看到乌龟家满地污泥，乌漆嘛黑，就喋喋不休数落乌龟，乌龟听了很生气，就骂乌鸦无理取闹。后来，乌鸦把乌龟家里弄得乌烟瘴气，乌龟不得不把乌鸦赶到屋外，弄得乌鸦呜呜大哭。

（学生进行游戏，游戏结束以后，老师先指定三个男生同时站起来展示双手，再指定三个女生同时站起来展示双手。教师分别采访一个男生和一个女生。）

师：你倒下的手指为什么会比别人少？

生：乌龟和乌鸦我听混了。

生：我分心了。

师：孩子们，通过这个游戏，你们发现，只有怎样做才能获得正确的信息？

生：不能分心，要认真听。

师：你说得很好，听非常重要。在哪些时候我们需要听呢？

生：上课的时候。

生：与同学讨论问题的时候。

生：老师布置作业的时候。

……

总结：在这么多的场合，我们都需要听，听可真是太重要了。我们从出生就开始听了，但其实听还有许多小秘诀呢，你们想知道吗？这节课，就让我们一起去探寻倾听的秘诀吧！

【设计意图】游戏导入，让学生通过听接收信息，经过大脑的思考以后输出信息——用倒下手指计数，这既能激发学生的兴趣，又能训练学生通过倾听捕捉信息。

二、走进倾听，总结倾听的秘诀

1.看一看，说一说。

师：大家看过《大头儿子和小头爸爸》这部动画片吗？大头儿子会不会倾听呢？现在我们来看其中的一个小片段，在大头儿子身上发生了一件什么事？大头儿子为什么做错了老师布置的作业？（播放视频《一盆可爱的小肉肉》）

月芽老师布置了一项作业，让大家第二天拿盆小肉肉到学校去观察，大头儿子没有好好听老师说话，父子俩忙活了一个晚上，第二天，大头儿子带了一盆红烧肉进入幼儿园，而其他小朋友带的是植物小肉肉。

生：因为他上课没有认真听讲，在玩玩具。

师：那怎样做才是认真听讲呢？

生：上课的时候坐姿要端正。

生：手上不能玩东西，比如不能玩笔、改正带、尺子、玩具等。

生：不能和别人说话。

生：眼睛要看着老师。

师：听讲的时候不仅耳朵要认真听，手不能乱动，我们的眼睛的工作也是非常重要的，那上课倾听的时候眼睛到底该怎样工作呢？

生：老师讲话，眼睛看老师；老师写字，眼睛看黑板；同学发言，眼睛看同学；读书写字，眼睛看书本。

师：这些都是上课认真倾听的表现，那如果让你用一个词来概括这些做法，你想到了什么词？

生：专心。（教师板书：专心。）

师：上课专心听讲能让我们学得更好。有几个小朋友也像大头儿子一样上课不太认真，请你们来帮帮他们，让他们和你一样会专心听讲。

（出示照片：照片中有坐姿不端正的，有在玩的，有说话的，有眼睛看向窗外的。）

师：如果他是你的同桌，你会怎样帮助他呢？大家可以和同桌讨论一下，可以说一说，也可以演一演。

（同桌之间开展交流讨论。）

师：你想帮助图几的同学？准备怎样帮助他？

（学生发言或表演。）

师：通过大家刚刚的发言和表演，老师看到大家不但掌握了专心听讲的秘诀，还能帮助同学做到专心听讲，真厉害。

2. 听一听，算一算。

师：唉，可是周老师在上课的时候，遇到过这样的同学，他坐得非常端正，不玩东西也不说话，眼睛还总跟着周老师走，可是周老师请他站起来回答问题的时候，他却不知道答案，这又是为什么呢？

生：因为他没有动脑筋想。

师：原来是这样啊，看来我们听的时候还要——想。（板书：边听边想。）

师：下面我们来进行一次"心算小考验"，考考大家，看看你们会不会边听边想。请同学们认真听音频，算一算，车上还剩多少人。（播放音频《心算小考验》）

有一辆公共汽车，从总站出发，这时，车上有18名乘客，到了一站，上了5人，又下了3人，到了另外一站，上了6人，没有人下车，下一站又上了4人，下了7人，请问，车上还剩多少人？

师：请一个同学说说你的答案，以及你怎么得到这个数字的。

生：结果是23，我一边听就一边算。

师：我们再来听一遍。（再次播放音频《心算小考验》）

师：答案是23，让我们把掌声送给他。看来我们听的时候还要边听边算，边听边想。

师：那在刚刚的心算题中，你觉得我们还需要做到哪些才能听好，才能得出正确的答案？

生：听的时候要带着问题听。

生：听的时候要有重点地听，这道题里的重点就是数字。

师：那如果这道题是留给你们课后或者回家做的，经过了一段时间，你还能这么准确地算出答案来吗？面对这种情况我们又该怎么办呢？

生：我们可以用笔记下来。

师：好记性不如烂笔头，在倾听时，我们还可以借助工具，比如笔，将一些重要信息记下来。哪些时候可以这样倾听呢？

生：课堂上需要做笔记时，老师布置作业时……

师：看来，我们在倾听的时候，不光耳朵、眼睛有任务，心和脑也要一起行动，有时候我们的手也要一起运用起来做笔记，这样才能让我们更好地获得信息。（板书：用心。）

所以倾听的第二个秘诀就是要——用心。

3. 找一找，谈一谈。

师："叮咚"，咦，是谁给我们发来了信息？原来是螺爷爷，他遇到什么困难了呢？让我们一起去看一看吧！（播放视频《螺丝钉小诺上课插嘴》）

螺爷爷：今天我要教你们关于管道的知识，其实在这个实验室里，就有各种各样的管道，看，那边就是，那边，那里还有一根，这里也是。那么，谁来告诉我，这些管道有什么用呢？数码弟。

数码弟站起来。

小诺马上插嘴：运送水，管子里面有水。

螺爷爷：小诺，你如果想要回答问题，必须先举手。数码弟。

小诺又插嘴：可以用来排放污水，管道还可以输送天然气。

螺爷爷：不许打断别人的回答。

小诺：还有，有的管道可以用来排烟。

螺爷爷：接下来……

小诺插嘴：还有浴室的管道，也是运送水的。

师：谁来说说，你发现了什么问题？

生：我发现视频中的同学总是插嘴，没有听完整老师和同学说的话，没有尊重他们。

师：在你身上有没有发生过类似的事情？当时你的感受是什么样的？

……

师：不管是在课堂上，还是平时的生活中，我们都要听别人把话说完，不然不仅不能把事情做好，还是不尊重他人的表现，所以倾听的时候，我们还要做到有——耐心。（板书：耐心。）

师：在刚才的这个事例中，你觉得怎么做才算是耐心地听呢？和你的同桌讨论一下。

生：倾听的时候我们要听别人说完整，不能插嘴，不能打断别人，要保持安静。

师：通过刚刚的学习，我们已经找到了倾听的好方法，那就是要做到——专心、用心、耐心地听。

【设计意图】通过观看视频、活动体验以及联系学生的生活实践等多种形式，感受倾听的重要性，提炼倾听的方法：要专心、用心、耐心地听，并懂得具体的表现或做法。

三、活动体验，实践倾听

师：你们都掌握倾听的秘诀了，能不能成为一个上课会倾听的好学生呢？接下来周老师就要考考你们哦！

1.听故事，捉虫子。

请同学们认真听故事，然后说说这段文字里有几个"虫"字。

（PPT 左边播放有趣的无声动画片，右边是一段文字。教师播放故事音频。听完故事以后，指定学生汇报答案。）

师：（答对了）你真厉害，能够不受动画和文字的影响，真是一个会认真倾听的孩子。

（答错了）没关系，周老师相信下一次你一定能够好好运用这三个倾听小秘诀，做一个会倾听的孩子。

2. 我说你听。

游戏要求：同桌两人，左边为A，右边为B。

A的任务：认真给你同桌讲讲最近让你开心的一件事或周末的经历，时间1分钟。

B的任务：对方给你讲事情时，请专心、用心、耐心地听。

在开始活动前，孩子们可以调整一下自己的姿势，看看该用什么样的姿态来倾听。

学生活动。

师：我发现每个同学脸上都洋溢着笑容，看来大家都讲得或听得非常的开心。周老师想找一组同学来分享一下。请你来说说刚刚你的同桌和你分享的是一件什么事。

（学生汇报同桌分享的事情。）

师：她说得对吗？请你评一评她刚刚的倾听表现。

生：她说得对。她刚刚倾听的时候，眼睛一直看着我，手上没有玩其他东西，也没有打断我说话，并且还记住了我说的内容，我觉得她做到了专心、用心、耐心地听。

师：再请一组同学来分享，其他同学注意认真倾听！

师：（随机选一名同学）请你复述一下她刚刚讲的是一件什么事。

（学生复述。）

师：看来你们都是倾听小达人啊！

【设计理念】通过游戏检验学生是否学会了倾听，同时让学生在实践中体会到做一个认真倾听的人能让自己和他人感到愉悦。

四、总结延伸

师：今天，我们总结出了倾听的三大秘诀：专心、用心、耐心。希望大家能将这些秘诀运用到我们的学习和生活中去。学会倾听，使我们的学习更高效；学会倾听，能得到更多人的尊重；学会倾听，是我们讲文明的表现。让我们做一个会倾听的人。

【设计意图】总结收获，方法延伸，希望孩子们能将倾听的方法运用在以后的学习中。

第9节 会打紧急电话

宁乡市玉潭街道实验小学 唐晓

【班会背景】

小学二年级的学生，已经掌握了一些基本求助知识，知道110、120、119是紧急求助电话，但是对于这些电话该在什么情况下打，怎么打，认识不是很清晰。为了确保学生在遇到紧急情况时，能够有效拨打紧急求助电话，特设计本节班会课。

适用年级：小学二年级。

【班会目标】

1. 认知提升：知晓在紧急情况下拨打紧急求助电话，说清楚具体情况、详细地址和联系电话。

2. 价值塑造：紧急电话紧急时打，不紧急时不能打。

3. 外化于行：通过练习，习得在紧急情况下正确拨打紧急求助电话的技能，把关键要素说清楚。

【班会准备】

1. 资源：警车、消防车、救护车图片，电话机，视频《四岁宝宝打紧急电话》《男孩掉井自救》《萌娃救妈妈》《紧急电话紧急时打》《律师阿姨有话说》，背景音乐。

2. 思路：这是一堂给小学生二年级同学上的课，因此采用通俗易懂的视频会更直观，学生也更容易看懂。

一、导入

  1. 看图猜车。

  师：同学们，老师想请大家带上火眼金睛，仔细观察这几张图片，猜猜这是什么车，说说你是怎么猜出来的。（板贴警车图片）

  生：（举手回答）警车。

  师：你是怎么猜出来的？

  生：根据车身上的文字：公安。

  师：你关注到了文字，非常好。再来看！这是什么车？你是怎么猜出来的？（板贴消防车图片）

  生：（举手回答）消防车。

  师：你是怎么猜出来的？

  生：根据车的颜色和车顶上的消防云梯。

  师：你真是一个观察细致的孩子！再来看！这是什么车？你是怎么猜出来的？（板贴救护车图片）

  生：（举手回答）救护车。因为车身上有红色十字架。

  师：你观察到了特殊的标志，非常棒！

  2. 听音猜车。

  师：看图猜车难不倒大家，让我们来挑战听音猜车！请同学们仔细听，猜猜这是什么车。

  生：（举手回答）这是警车，警车声音非常急促。

  师：警车的警笛声高低连续，非常急促，给坏人心理压力。当需要警察叔叔的帮助时，你可以拨打报警电话——110。（板书：110。）

  师：再来听一听，这是什么车的声音？

  生：（举手回答）这是消防车，消防车的声音像风声，"呜——"。

  师：消防车的警笛声拉得很长，一秒短高音，三秒长低音。当需要消防员的帮助时，你可以拨打火警电话——119。（板书：119。）

  师：再来听一听，这是什么车的声音？

  生：（举手回答）这是救护车的声音，好像有人在说"哎哟，哎哟"。

师：你的表达真有趣！救护车的警笛声高音一秒、低音一秒，确实像病人的呻吟。当需要医生帮助时，你可以拨打急救电话——120。（板书：120。）

师：110、119、120这些都属于紧急电话。当发生紧急情况时，我们可以拨打这些号码求助。拨打紧急电话是有方法的，这节课让我们一起来学习打紧急电话。（板书课题）

【设计意图】通过玩两个游戏吸引学生的兴趣，让学生对本课的学习充满期待，并且能初步了解本课的重点之一：区分三种紧急号码。

二、说一说

师：不同的电话号码有不同的功能，如果遇到小偷，你该拨打什么电话呢？

生：110。

师：如果遇到着火的情况，你该拨打什么电话呢？

生：119。

师：如果有人受伤，你该拨打什么电话呢？

生：120。

师：知道不同的情况要拨打不同的号码，那电话打通之后，我们应该怎么做呢？我们一起来看一个视频。（播放视频《四岁宝宝打紧急电话》）

师：这样打电话，医生能用最快的速度在最短的时间内找到他、帮助他吗？拨打紧急电话时应该注意什么？

生：医生不能及时找到他，因为他没有说清楚详细地址。

师：你说到了关键！（板书：详细地址。）请你来说一说你家的详细地址，好吗？

（引导学生说出街道、小区、楼栋及门牌号，如果是在农村要说清楚乡镇和村的几组几号或周围的标志性建筑。能说出来的给予表扬，不能说出来的布置作业：回家询问家长，并背下自家详细地址。）

师：拨打紧急电话时还应该注意什么？

生：还要保持冷静，说清楚具体情况，视频中的小朋友一直在哭，接线员听不清他在说什么!

师:是呀!遇到紧急情况可千万不能慌张,要保持冷静,把具体情况说清楚,要认真地听接线员的问题并如实回答!

师:拨打紧急电话时还应该注意什么?

生:还要说清楚联系方式!

师:联系方式也很重要,可以请你说你的联系方式吗?

(教师请多位学生背诵家长的电话号码,不能说短号,尽量把同住人员的电话都背出来。如果不能背就布置作业,请学生回家后背下同住人员的电话号码。)

(教师根据学生回答进行板书。)

【设计意图】完成本课第一个难点:用最基础、最实用的方法让学生知道在拨打紧急电话时应该注意什么。

三、演一演

师:知道了在不同情况下拨打不同的电话号码,也知道了应该怎样拨打紧急电话,让我们一起来尝试情景表演。请同学们看学习单中的任务二,老师为大家准备了三个情景,分别是:

1. 我和爷爷在家,爷爷突然晕倒,不省人事。

2. 看到对面居民楼冒出滚滚浓烟。

3. 独自在家,发现有人在撬我家的门。

请同学们小组合作,选择三个情景中的一个进行表演,音乐停止时请小组上台表演。表演时要做到合理分工、声音洪亮、自信大方。开始!

(学生讨论时教师巡视指导,主要目的是表演拨打电话的过程,只要表演出对话的过程即可,不需要有警察等角色的出现。请学生小组上台展示时,教师提供道具电话机,在学生拨通电话时播放"嘟嘟"声。学生表演结束后请其他学生对他们的表演进行点评,一共请三组学生上台展示。)

【设计意图】通过切身体验感受拨打紧急电话的情境。

四、想一想

师：除了这几种情况，还有什么时候可以拨打紧急电话？

（生举手回答，教师根据回答进行点评。）

师：我们来看看这个小朋友在怎样的情况下拨打了急救电话。（播放视频《男孩掉井自救》）

师：这个小朋友用欠费的手机拨通了119，成功解除被困井底的危机。再来看。（播放视频《萌娃救妈妈》）

师：这个小朋友拨打了120急救电话，及时帮妈妈请来了医生。看来，学会在紧急时刻拨打紧急电话，不仅能救自己，还能救我们身边的人，救我们最爱的人呢！

【设计意图】进行知识迁移，明白可以拨打紧急电话的情况有很多，学会拨打紧急电话的用处非常大！

五、判一判

师：急救电话什么时候可以打，什么时候不可以打呢？请同学们拿出学习单看任务三，我们一起来当小判官，看看这样做对不对。

第1小题：发现有人打架、斗殴或有人走失时可以拨打110。

生：正确。

第2小题：在生活区域发现毒蛇、蜂窝时可以拨打119。

生：正确。

师：消防员不只是救火，也救人哦！

第3小题：妈妈切菜时不小心切到手指，流了一点点血，可以拨打120。这样做对吗？

生：错误，这不属于紧急情况。

第4小题：当你闲着无聊或不会做数学题时可以拨打110。

生：错误，这属于随意拨打急救电话，是不对的！

第5小题：谎称某某小学发生火灾。

生：错误，这属于恶意拨打急救电话，是不对的！

师：你们的判断都是正确的。请大家一定要记住两点：第一，紧急电话紧急时打，不紧急时不能打。（播放视频《紧急电话紧急时打》）第二，不能恶意拨打紧急电话。我们一起来听听律师阿姨怎么说。（播放视频《律师阿姨有话说》）

110、119、120是宝贵的公共安全资源，广大群众应当正确使用报警急救电话，把有限的社会资源留给真正需要的人。随意拨打、恶意骚扰、谎报警情皆为违法行为。对于恶意占用社会公共资源，浪费警力，扰乱公安机关、急救单位秩序的行为，将依法追究行政或者刑事责任。

师：虽然110、119、120这些紧急求助电话都是免费的，但是我们也不能随意拨打，把有限的社会资源留给真正需要的人，这既是社会公德的体现，也是法律对我们的要求。

师：（总结）通过今天的学习、体验、探究，我们知道了怎样拨打紧急电话，如果你遇到紧急情况，希望你能做到不慌不乱，沉着冷静，用老师今天教你们的方法化解危机。今天这节课，老师还要布置一个作业，有时间就经常练习一下：把自己的家庭住址，家里主要亲人的电话号码，说给你父母的同事或者朋友听一听，请听的人评价一下你是否说清楚了。

【设计意图】进行知识拓展，明白紧急电话不乱打，紧急电话紧急时打的道理。

第10节　自己的事情自己做

宁乡市巷子口镇中心小学　孙雅雯

【班会背景】

部分二年级孩子在家和在学校两个样，主要表现在学习不自觉、丢三落四、自己的事情不主动做，甚至还有孩子仍需要大人帮助穿衣穿鞋。针对一年级孩子依赖性强、独立性差的现实状况，以及本班学生中产生的实际问题，特开展此次以自理为主题的班会课。

适用年级：小学二年级。

【班会目标】

1. 认知提升：知晓折衣服、系红领巾、整理书本的方法。

2. 价值塑造：自己的事情自己做。

3. 外化于行：在学习和生活中，不依赖，不等待，自己主动解决问题。

【班会准备】

1. 资源：视频《一个小学生的故事》《小喜鹊变独立》，歌曲《万能的手》MV，童装衣裤3套（冬、春、秋各一套），红领巾5条，大小书本10册。

2. 思路：采用具象化的方法，将劳动步骤解读成形象化的口诀，通过现场教学，让学生学会折叠衣服、系红领巾、整理书本，并对学生进行价值塑造——自己的事情自己做，不会的事情学着做。

一、故事导入

师：这节课，老师先跟大家讲一个故事：

今天是星期一，闹钟一响，这个小朋友起床了。他在床上喊：奶奶！快过来帮我穿衣服！穿上衣服，他来到卫生间洗漱，之前都是妈妈帮他洗脸，今天妈妈不在，他自己洗，可是他不会，把衣服都搞湿了。匆匆忙忙地换了身衣服，他就坐上爸爸的车去上学。来到校门口，已经迟到了。他背着书包来到教室，正是语文的早读，老师让他拿出语文书，可是他翻了半天都没找到，他说：都怪妈妈昨天没帮我收拾好书包！

师：听了这个故事，你有什么感想？

生：这个小学生自己该做的事情没有做好，都让大人去做。

生：他没有养成好习惯，所以才遇到了这些事情。

师：同学们，你想成为像他一样的人吗？

生：不想。

师：所以我们要——自己的事情自己做。

【设计意图】导入的小故事贴近二年级小学生的生活，充分激起学生对本课的兴趣。

二、自己的事情自己做

1. 我会做的事。

师：作为一名小学生，你已经能自己做哪些事情了？

生：我可以自己给自己穿衣服，系鞋带。

师：你能自己整理自己的仪容仪表，真厉害。

生：我能把自己的东西整理好，不让大人操心。

师：自己负责好自己的物品，你是个负责任的孩子。

生：我能把自己的座位打扫干净，收好自己的学习用品。

师：我们也得向讲卫生、爱干净的你学习呢！

师：咱们班的同学能做的事可真多！老师也在平时的观察中发现，大家已经可以自己做好这些事情了：

在家里：穿衣穿鞋，洗漱，洗红领巾、袜子，叠被子等。

在学校：打扫卫生，整理书包，排队就餐等。

2. 一起做的事。

师：有些事我们小朋友一个人还不能做，需要和大人一起做。哪些事是自己一个人的事，哪些事是要和大人一起做的呢？一起分一分。

小游戏：区分"自己的事"和"和大人一起做的事"。

规则：出示多个事情（如叠被子、做家务、收书包、买东西等），请多个学生依次上台区分事情。

小结：自己的事情自己做，别人的事情要帮忙。大人平时照顾我们已经很辛苦了，我们不仅要做好自己的事，也要帮帮他们。

3. 比比谁的小手最灵巧。

师：我们现在已经可以自己做好很多事了，力所能及的事要做到最好，无法完成的事，可以用我们灵巧的小手去学着做一做哦。

（1）叠衣物。

师：请看小提示，跟老师一起做做动作吧！

叠衣服：伸伸手，左抱抱，右抱抱，弯弯腰，变一半。

师：（示范）伸伸手：把两个衣袖展平拉直；左抱抱：把左边的衣袖折叠过来；右抱抱：把右边的衣袖折叠过来；弯弯腰：把衣服上下对折；变一半：把衣服左右对折。

师：有没有同学想上台展示，你会怎样把这件衣服叠好？

（学生上台来叠不同种类的上衣，如拉链外套、带帽卫衣等。）

师：大家认为这几位同学叠得怎么样？

生：他叠外套时先把拉链拉起来再叠，这样更方便。

生：叠有帽子的衣服时，可以先把帽子折进去，然后就可以按步骤叠了。

师：看来同学们不止学会了叠普通衣服的方法，还加入了自己的思考，学会了如何叠各式各样的衣服，不仅小手非常灵巧，大脑也非常灵活哦！

师：再来看一看，裤子又该用什么方法整理吧！

叠裤子：排两队，变一队，弯弯腰。

师：（示范）排两队：把裤子拉伸展平；变一队：把裤子左右对折；弯弯腰：把裤子上下对折。

师：谁能来挑战分别叠好短裤和长裤？（学生上台尝试）

师：你发现了叠短裤和长裤的什么特别之处？

生：短裤只用对折一下，长裤要折两下。

师：观察得非常仔细！以后我们自己叠裤子时，也可以这样提醒自己。

（2）系红领巾。

师：请问我们班有哪些人已经成为了光荣的少先队员？你们都能自己给自己系好红领巾吗？（请少先队员上台读一读系红领巾的四步骤，再展示如何系红领巾。）

生：披在肩上边，左尖搭右尖，右尖绕一圈，圈里抽出尖。

师：（示范）披在肩上边：把红领巾披在脖子上；左尖搭右尖：左边的一角搭在右边的角上；右尖绕一圈：右边的角绕过来包住左边的角；圈里抽出尖：

右边的角从后面插入包围圈里，并用力抽出来，形成一个结。

师：相信有许多同学也想学会这个技能，那就请几位同学上台来，跟着步骤操作，可以让少先队员们教教你们。（非少先队员上台学习，成功系好者奖励戴红领巾上课。）

（3）整理书籍。

师：看到老师手里这一摞整理好的书本，你发现了什么整理书包的小秘诀？

生：从大到小，从厚到薄，大的、厚的靠后放。

师：（示范）从大到小：大的放下面，小的放上面；从厚到薄：同样大小厚的放下面，薄的放上面；大的、厚的靠后放：将所有的书整理成一摞。

师：接下来的 2 分钟时间，请你用这个方法整理好自己的书包，待会儿老师来参观参观哦！（学生现场整理书包）

小结：如果你已经学会了这些技能，并且平时就能自己做好这些事，说明你是个独立的孩子。

【设计意图】先细数会做、能做的事，再来学习还不能做好的事，学生在这个过程中渐入佳境，在学习到实用技巧并实际使用后，心中还会升起浓浓的成就感。

三、独立的重要性

师：独立就是"依靠自己的力量做事"，独立有什么好处呢？请你听一则小故事《小喜鹊变独立》。

小喜鹊娇生惯养，衣来伸手，饭来张口，什么事情都不做，每天让喜鹊妈妈给它洗脸、洗脚，一点生活的本领都不学。它连自己的看家本领"飞翔"都不学。这天，喜鹊妈妈不在家，它要自己照顾自己了。小喜鹊把妈妈留给它的饭全部吃光，又饿了，所以它只能走出家门到外面找东西吃，可是它不会飞，小虫子看到它很快就逃跑了。小动物见了它，嫌它太脏，都躲着它，小喜鹊又饿又伤心，呜呜地哭了。

喜鹊妈妈回到家，看到小喜鹊哭个不停，便问它怎么了。小喜鹊把今天的事告诉了妈妈，妈妈说：如果你自己会飞、会照顾自己，那还会饿得哭吗？小喜鹊认识到学会本领是多么重要，从那天起，小喜鹊每天苦学本领。这一天，喜鹊妈妈又要出门了，可是小喜鹊一点都不害怕，因为它可以自己照顾自己了。

小喜鹊出门捉虫子，一捉一个准。它捉虫子的样子被小动物们看到了，小动物们都不好意思地过来和它说话：我们之前还以为你是一个懒惰虫呢！小喜鹊也不好意思地说：我以前真的很懒，但是我已经改变了，现在我是一个独立的喜鹊了。于是，小喜鹊和小动物们冰释前嫌，成为了好朋友，小喜鹊还会拿自己捉到的虫子请小动物们吃呢！

师：独立的好处真多呀！听了这则故事，你认为独立有什么好处？

生：父母不在身边时也能照顾好自己。

生：当你独立了，你就可以交到好朋友。

小结：独立可以让我们成长为一个更好的人，甚至可以改变我们身边的环境。

【设计意图】低年级孩子更适合在童话、寓言中学习道理，要避免一味说教。

四、课堂小结

师：看来这节课让小朋友们收获颇多，为了表扬你的独立，老师要送一首歌给你。（播放歌曲《万能的手》MV）

小结：我们都有一双万能的手，我们要好好地利用它，做好自己的事，还要多做好事，不能让它荒废了。期待你能成为更好的自己！

【设计意图】一课结束，学生学到了实用的技能，也提高了思想认识，此时老师不需要长篇大论，简单总结即可。

第 11 节　今日事今日毕

湘潭县天易贵竹学校　蔡婷

【班会背景】

进入二年级以后，随着学习内容增多，班上一些学生出现了做事拖拉，不能按时完成当天任务的现象。原因主要有二：一是缺乏自制力，二是缺乏管理时间的具体方法。为了帮助学生解决这两个问题，在学习和生活中养成今日事今日毕的习惯，特设计本节班会课。

适用年级：小学二年级

【班会目标】

1. 认知提升：学会编制时间计划表，知晓利用时间、管理时间的具体方法。

2. 价值塑造：今日事今日毕。

3. 外化于行：在学习和生活中，做到今日事今日毕，不拖拉，行动及时。

【班会准备】

1. 资源：视频《等明天 1》《等明天 2》《等明天 3》，音频《珂亦同学记牢 100 个词语的方法》，学习单。

2. 思路：通过观看孩子们喜欢的故事视频和活动体验，让孩子们知道假如没有时间观念，任何学习、活动都不能很好地完成。引导学生在学习和生活中，要及时行动，目标合理，主次分明，积累碎片时间，培养今日事今日毕的习惯。

一、解读什么是今日事今日毕

师：孩子们，今天我们来上一堂班会课，主题是——今日事今日毕。（板书课题）这句话的意思是什么，大家知道吗？请你来说。

生：今天的事情，今天就要做完。

师：对呀，今天的事情，今天就要做完，那等明天好不好呢？老师认识了

一只小猴子，它做事情的时候，总喜欢等明天，来，我们一起来看看它的故事。（播放视频《等明天1》）

师：这只猴子盖成房子了吗？

生：（齐）没有。

师：为什么盖不成房子？

生：它觉得天气好，想着明天再盖房子。

师：还有其他原因吗？谁注意到了在下雨时，没有房子的它是怎么做的？

生：它觉得自己很聪明，扯了一片荷叶当雨伞。

师：对呀，总想着要小聪明，总盼着还有明天，所以拖拖拉拉，一直不行动。那这个房子盖不起来，最后的结果有可能是什么？

生：如果再次下雨的话，它还是会被淋成落汤鸡。

师：那么你呢？你有没有像小猴子一样，有过这种拖延误事的经历？

生：有一次，我写家庭作业时不专心，一直拖着没有写，结果第二天上学的时候不能按时交作业，被妈妈狠狠地批评了一顿。

师：经过这件事，你认识到了什么？

生：作业要当天写完，不能拖拉。

师：你也想来分享是吗？

生：妈妈让我收拾玩具房，我总想着明天再收。结果玩具房越来越乱，地上还产生了很多垃圾。

师：经过这件事，你认识到了什么？

生：做事情如果拖拖拉拉，会让我们的生活出现混乱，不能完成目标。

师：那如何解决这个问题？

生：我觉得还是要及时行动。

师：对呀！今日要做的事不做，明天就得做，但明天还有明天的事。事情越堆越多就会如同滚雪球一般，越滚越大。因此，为了避免出现小猴子那样混乱的生活，我们做事的时候，要及时行动。（板书：及时行动。）

生：（齐读）及时行动。

【设计意图】视频导入，激发学生的兴趣。联系生活实际谈一谈自己拖延误事的经历，认识拖延的危害，总结出克服拖拉的方法，就是及时行动。

二、怎样做到今日事今日毕

师：那光有行动就够了吗？我们继续来看小猴子的故事的后续发展。（播放视频《等明天2》）

师：这一次猴子的问题又出在哪里？

生：它设计的房子太大了，这么短的时间不可能盖完。

师：它自己定了多久的时间盖完呢？

生：它说明天就可以盖好，这更不可能！

师：对呀，这是一只眼高手低的猴子，要得多但是做得少，这么漂亮的房子其实一天是难以盖完的，我们在做事的时候要踏踏实实的，设定自己能够达到的目标，这就要求我们目标要合理。（板书：目标合理。）

什么样的目标才是合适的目标呢？我们一起来玩一个小游戏。如果能完成就点√，难以完成就点×。我们分别选一位男生和一位女生上来作答，其他孩子一起思考，在心中作答。

游戏的选择题为：

1分钟抄写一篇200字的文章；

1分钟做好课前准备；

1分钟跳绳1000个；

1分钟完成5道口算题；

1分钟捡起地上的一片垃圾；

1分钟读完一整本《安徒生童话》。

师：感谢两位孩子的精彩作答，其他孩子也十分专注呢！请把掌声送给台上的孩子和自己，我们一起来看看答题结果。

师：有些事情1分钟能完成，有些事情不能1分钟完成。那这些1分钟不能完成的事情，比如1分钟无法读完一本《安徒生童话》，是不是永远都完不成呢？请你来说说你的看法。

生：不是，可以多增加一点时间，还可以分成几次去完成。

生：我会每天看两到三个故事，直至看完为止。

师：一看你们平常就有好的生活和学习习惯，是非常机灵的孩子！那我们来做个小练习，哪个播音员来给大家朗读朗读我们的任务？

生：（朗读）7天后将进行词语"听写小达人"的竞赛，将从100个词语中选取20个进行听写。你会怎么来进行复习呢？

师：多少个词语？

生：100个！

师：有几天时间来记呢？

生：（齐）7天。

师：可以怎么办？请你来说。

生：我前面5天每天记20个，5天记完。

师：那剩下的两天呢？

生：用来玩！

师：你是个非常注重劳逸结合的孩子。

师：我看你马上举起了手，你有不同的做法，是吗？

生：我觉得最后两天如果不去记的话，有可能之前记好了的又会被忘掉，所以最后两天我还会每天再听写50个词语。

师：你觉得他的建议怎么样？

生：我觉得很有道理，这样准确率确实会更高一些。

师：1天100个有点难度，但是可以分成好几天去记。我们来听听我们班的"听写小达人"珂亦同学的分享吧！（播放音频《珂亦同学记牢100个词语的方法》）

我的听写是这样来复习的：前面5天，每天复习20个词语。在第6天的时候，着重复习掌握得还不够牢固的词语，直至完全掌握为止。在第7天的时候，会进行几轮模拟测试，这样复习过的词语想出错都难。

师：对于一个难度较大的任务，我们先进行分解，在第一轮全面复习之后，第二轮对难点进行重点突破。相信用了你们和珂亦同学的复习方法，肯定会收到事半功倍的效果，在听写大赛中一举夺魁。

师：可惜呀，小猴子没有你们这么棒的朋友在它身边提醒它，不过也有可能它自己在盖房子时意识到了问题，最后及时改正了也不一定。我们继续来看看小猴子这房子最后究竟盖起来了没有。（播放视频《等明天3》）

师：怎么样？它盖成房子了吗？眼下它最要紧的事情是什么？

生：（齐）盖房子！

师：可它在干什么？

生：它在邀请朋友们来参观它的新房子。

生：它还在偷懒睡觉做白日梦。

师：对呀，分不清轻重缓急，最要紧的事没做，其他事情倒忙活得起劲，这叫主次不分，我们在管理时间时还需要做到主次分明。（板书：主次分明。）这猴子呀，其实最需要一张时间管理四法则来帮帮它。（出示时间管理四法则图）

师：事情可以分成——

生：（齐）重要且紧急……

师：对应的建议方法是——

生：（齐）立刻去做。

生：（齐）重要不紧急——制订计划做；紧急不重要——请别人代劳；不紧急不重要——尽量不去做。

师：那我们来看看我们自己可能会遇到的问题。假设你回家后只有一小时，但是需要做、想做的事情有四件，你会如何安排呢？拿出你的学习单，完成任务一。（生完成学习单任务一）谁上台来分享他的计划，说说他的想法？

生：温习功课是重要且紧急的事情，应该立刻去做。手抄报是重要不紧急的事情，可以明天再做。帮同学送东西是紧急不重要的事情，可以请别人帮忙，比如，请其他同小区的同学帮忙。看电影是不重要不紧急的事情，尽量不去做。

师：有条有理，有理有据，真是太厉害了！不过，明天也有明天的事情，如果手抄报一天画不完该怎么办？

生：我会分成三天来画，一天画一块。

生：我会第一天画图案、第二天涂色、第三天写字。

师：这是个不错的办法！虽然时间紧，但相信你一定可以非常出色地完成这些事情。

师：但是想看的电影总得找个时间安排上吧。可我们的一天总共24个小时，一天得保证10个小时的睡眠，到了学校上学以后，要差不多18点才放学回家，1天就剩3小时了，但要干的、想干的事还有这么多呢，怎么办？（出示24小时方格）

（出示放学以后要干的事情：温习功课、完成作业、户外运动、电子娱乐、课外阅读、家务劳动、特长练习、上兴趣班……）

生：我会先用1小时温习功课，然后进行特长练习和课外阅读。

师：看样子，你把合理定目标和主次分明掌握得十分不错了！老师还有一个问题，大家白天在学校的这些时间，你需要一直学习，没有一点空闲的时间吗？

生：（齐）有下课的时间！

师：下课时间有多长？

生：有10分钟的、有20分钟的……

师：其实呀，虽然课间很短，但哪怕是短短的1分钟也可以做不少事呢。我们来进行一个小实验，先听清楚实验要求：计时1分钟，在学习单上抄写黑板上的生字表，要求书写正确、美观。（生完成学习任务二）

师：同桌互查，看看他写对了多少。（口令：一寸光阴一寸金，寸金难买寸光阴。）

（老师进行调查统计。）

师：你写了多少个字？

生：我写了9个字。

师：像她一样写了9个字的孩子请举手。

生：我写了10个字。

师：像他一样写了10个字的孩子请举手。

生：我写了12个字。

师：让我来看看你的书写，特别工整呢！又快又好，为你点赞！

那我们取大多数孩子的结果，1分钟写10个字左右。那接下来请你计算一下，一首古诗带标题，我们默写一遍，大概只需要——

生：（齐）4分钟。

师：抄写一篇200字的作文我们只需要——

生：（齐）20分钟。

师：那你平常有没有这样的课余时间呢？

生：下课的时候，还有午休的时候。

师：这种5分钟、10分钟的时间叫作碎片时间，虽然短，但是却可以用来完成一些简单的任务，然后把大段的长时间空出来去集中完成一些较有难度的事情。这种方法叫作巧用碎片时间。（板书：巧用碎片时间。）

师：掌握好了这些方法以后，大家肯定对于要做的事情能做一个细致的安排。那我们来好好规划我们的周末吧。首先，睡眠时间我们除去。想一想我们的周末要做哪些事，小组讨论，完成计划表。（结束口令：今日事今日毕。）

师：哪个小组来分享他们的一日安排？

生：我们来给大家介绍我们的周末安排。我先来说上午的安排：7点我们可以起床洗漱、吃早餐，8点、9点我们可以温习功课。

生：我来给大家说说中午的时间安排：10点和11点我们可以进行课外阅读，12点、13点可以吃个中饭，然后睡个午觉。

生：下午我们可以这样做：14点和15点我会去上兴趣班，下课后刚好可以在外面运动一会儿。

生：我来给大家介绍我们晚上的计划：17点我会吃饭，然后休息一会儿，看会儿电视。19点我会做一做手工，睡觉前再看会儿书。我们组的周末计划就是这样了，谢谢大家。

师：哇！你们的这一天真是丰富又精彩！小组之间也非常有默契，有思考、有交流、有分工、有合作！请把掌声送给他们。

师：他们的计划，你们觉得怎么样？谁来点评一下？

生：他们早上起来就先进行学习，我觉得这点很好！

生：我可以调整一下吗？我们组也是先进行学习，但是他们学习完又继续看书，这样眼睛会很累，所以这个时间我们安排的是家务劳动。

师：你们都很不错呢，考虑得十分全面。

【设计意图】联系孩子的生活实际，采用观看视频、绘制思维导图等方式，知晓如何管理好自己的时间。

三、总结提升

师：关于时间管理你学到了哪些知识？

生：我知道了我们做事要及时行动，不能拖拖拉拉的，设定的目标也要合理。

生：我还知道了我们做事要主次分明，先做更重要的事。

生：我知道了我们生活中还有很多碎片化时间可以利用。

师：我们的学习单上还有最后一项任务，这一张张彩色方块是你的时间币，金额是你每天省下来的时间，你可以制作一个储蓄罐把它们存起来，达到一定的时间时就可以和父母约定给自己一份小奖励哦！如集满了60分钟就可以看一部电影，集满了4个小时就可以去户外玩半天，等等。期待你们的成果，做时间的大富翁。

【设计理念】鼓励学生制作时间储蓄罐，将碎片化的时间积累起来，提高学习效率。

第12节　写好中国字，做自信中国人

湘潭县天易贵竹学校　李晶璐

【班会背景】

虽然已经二年级了，但班上部分同学书写马虎、随意，写字姿势不正确，发现问题后，我进行了多次批评教育，但学生依然我行我素，没有多少改变。汉字是世界上现存的最古老的表意文字，每一个汉字都是一幅画，每一个汉字都是一个动人的故事。本节班会课的施力点，是激发学生对汉字的兴趣，培养

"文化自信"，产生写好中国字的内在动机。

适用年级：小学二年级。

【班会目标】

1. 认知提升：了解中国字的魅力所在，知道写好中国字的重要性。

2. 价值塑造：我是中国人，写好中国字，做自信中国人。

3. 外化于行：学会正确的握笔姿势、写字姿势，养成每天自觉练字的习惯。

【班会准备】

1. 资源：视频《"人"字写法》《写好中国字，做好中国人》《什么是勾腕，怎么解决勾腕》。

2. 思路：将写中国字与做中国人联系起来，不断地对学生进行价值塑造——我是中国人，写好中国字，做好中国人。让学生从"文化自信"中汲取力量，师生一同探讨，总结出写好字的三个方法：一笔一画写清楚、握姿坐姿要规范、笔画顺序要记清。

一、慧眼识字

师：孩子们，上课前我们先来玩个游戏——"慧眼识字"。"说它小，下边大，说它大，上边小。"猜猜这是什么字。

生：尖。

师：继续看图猜字。（出示一团火的图片）

生：火。

师：简单！继续。（出示两团火的图片）

生：炎。

师：那三个火还有人认识吗？读 yàn。四个火呢？老师来告诉你，读 yì。这四个字连起来是一个词语——火炎焱燚，形容火势越来越凶猛。我们中国的汉字多么奇妙呀！用火字可以组成不同的汉字，十把火还能组成词语呢！

再来，看图猜猜这是什么字。

生：鱼、贝、麻。

师：你是怎么猜出这些字的？

生：这些事物的样子和这些字长得很像。

师：是呀，古时候人们把事物的样子用图画表示，慢慢演变成现在的文字，这种字就是象形文字。

早期呀，没有纸和笔，你们知道古人是怎么写字的吗？像这样刻在龟骨或者兽甲上的文字我们叫它——甲骨文。甲骨文是中国最早出现的古文字，距今已有3000多年的历史。现在我们每天学习、使用的汉字有很多都是从甲骨文演变而来的。

古时候的人，谦恭有礼，与人见面的时候，要鞠躬行礼（出示鞠躬行礼的古人图片）。于是，古人就根据人的这个形象，造了一个字——人（甲骨文），后来慢慢演变，写成了这样（金文），又写成了这样（小篆），今天，写成了这样（楷体）。

说起来，这个"人"字，还有一个故事呢。

"人"字的来历

很久很久以前，有两个部落互相仇视，一场大战后，只有两个人站了起来。他们互相看着，准备最后一搏。然而这时野兽出现了，于是两个人背靠背互相依存，互相防守，最终战胜了野兽，活了下来。于是，人们懂得了一个道理，人与人之间，只有相互帮助，相互支持，才能战胜一切困难。

师：怎样才能将这个"人"字写好呢？今天，老师特意请了一个书法老师来教大家。（播放视频《"人"字写法》）

师：每一个汉字都是一幅画，每一个汉字都是一个动人的故事，每一个汉字都蕴含着人生道理。作为一名中国人，都应该自觉写好中国字。（板书课题，播放视频《写好中国字，做好中国人》）

【设计意图】引出话题。运用字谜、图片、象形字、甲骨文等多种形式让学生猜汉字，让学生知道汉字的直观性、表义性与博大精深，激发学生的学习兴趣。

二、火眼金睛

师：说起写字呀，许多同学就要愁眉苦脸了，我们总是能发现自己或者身边人身上有一些不好好写字的习惯。李老师悄悄拍下了一些小朋友平时写字的样子，请你来当当小裁判，擦亮火眼金睛，判断对错并说出理由。

生：坐姿不端正。

生：握笔姿势不正确

生：写倒笔字，写连笔字。

生：写字马虎，书面不整洁，字迹不工整。

师：你出现过这样的情况吗？

生：我写字的时候不自觉地头往下低。

生：我有时为了偷懒不遵循写字规则。

【设计意图】发现问题。引导学生观察别人，反思自己，通过典型的案例，让学生发现日常写字过程中存在哪些问题。

三、写字有方法

师：我们刚刚说到许多不正确的书写习惯，那怎样的写字习惯才能帮助我们写好汉字呢？

1. 一笔一画写清楚。

生：写字要认真，要一笔一画写。

师：是的，写字要一笔一画不马虎。（板书：一笔一画写清楚。）

2. 握姿坐姿要规范。

生：写字的姿势要端正。

师：你知道正确的写字姿势吗？

生：头要放正，背要挺直。

生：眼离书本一尺、胸离桌子一拳、手离笔尖一寸。

师：大家说得都很对，我们可以通过口诀来提醒自己。

写字的正确姿势是：头正身直肩平足安。

写字还要做到三个一：眼离书本一尺、胸离桌子一拳、手离笔尖一寸。

我们还可以把这些编成口令来规范自己的写字姿势。

（学生一起念口令：写字之前摆姿势，摆好姿势再写字，写字做到三个一，一拳一尺一寸。）

师：坐姿要规范，握笔姿势也很重要。（板书：握姿坐姿要规范。）有数据显示，80%的孩子握笔姿势都存在问题，握笔姿势不正确会直接导致手型扭曲、骨骼变形、近视、驼背、容易疲倦，做作业速度慢，字体不美观等。你有正确的握笔姿势吗？对照图片找找你平常的握笔姿势。（图片出示8种常见错误握笔姿势）

师：其实呀，这些姿势都是错误的。老师带来了一个口诀来帮助大家，一起来看看。

师：一寸距就是指手离笔尖一寸的距离，大概3.3厘米。两指圆，大拇指和食指形成一个圆圈。握笔时，大拇指、食指、中指的指尖形成一个整齐的三角形。很多小朋友都不知道3.3厘米到底是多长，李老师量了量，大概是削好的铅笔再往上一个大拇指的距离。大家可以同桌合作，相互练习，检查。做错了，帮帮他，做对了，点个赞！

师：请大家用最正确的握笔姿势、写字姿势来书写这一句话。我会用我的小法宝来寻找最美的身影，待会儿请你们来评一评。

（学生用学习卡书写：我是中国人，写好中国字。老师在过道巡视，随机拍一个握笔姿势正确的，一个不正确的，上传至课件。）

师：老师发现大家的握笔姿势、坐姿都有所进步，但我还发现了一个大问题：勾腕。

很多同学可能有这种现象，但自己还不知道，更不懂勾腕是什么。一起来看看。（播放视频《什么是勾腕，怎么解决勾腕》）

师：平常我们可以像视频里一样，利用钟表来练习。市场上有很多勾腕矫正器，也可以借助最简单的皮筋和笔来练习。

3. 笔画顺序要记清。

生：写字还要遵循写字笔画顺序。

师：你说得很对，笔顺正确与否，一定程度上关系到书写的速度和字形的好坏。（板书：笔画顺序要记清。）

我们一起来复习一遍笔画顺序规则。

先横后竖，先撇后捺，从左到右，从上到下，先中间后两边，先外后内，先外后内再封口。

来，我们一起把写字儿歌读一遍。

生：（齐读）一笔一画写清楚，握姿坐姿要规范，笔画顺序要记清。

【设计意图】解决问题。从笔画清楚、姿势规范、笔画顺序三个方面着手，教会孩子如何写好字。

四、不写错别字

师：李老师带来了两则笑话，请听听：

我和爸爸妈妈一起去吃自助餐，由于太饿了，我便狼吞虎咽地吃了起来。这一次，我真是美美地吃上了一吨。

今天，我和小伙伴一起去玩。我们在街道的墙角看到一大堆垃圾，当时，我真是大吃一斤。

师：你为什么觉得好笑？

生：吃上了一吨，太多了，怎么吃得了？这个"吨"字是错别字，应该是"顿"。

生：大吃一斤，这个"斤"也是错别字，应该是"惊讶"的"惊"。

师：是呀，使用错别字会闹笑话的。但在生活中有的地方故意使用错别字，用谐音乱改成语。错别字、谐音字不仅给我们带来了很多不便，还会传播错误的知识，产生不良的影响。中国的汉字像乐谱中跳跃的音符，它们又像是一个个小精灵，在纸上跳跃着欢快的舞蹈，我们作为中华儿女，要保护好这些小精灵，远离错别字。

【设计意图】延伸问题。要写好中国字，还要防止写错别字。

五、拓展延伸

师：在我们身边也有很多优秀的人，老师带来了他们的书法作品，其中就有我们学校的章老师写的。

你们看，这些全部都是章老师的作品，她一直坚持每天练字，从不偷懒，养成了练字的好习惯，现在拥有了一手好字。我们可以学习身边的榜样，行动起来。

先准备字帖或者一个习字本，做好计划，规定自己每天练一页或者每天练半个小时，做好记录，督促自己坚持下来，一个月之后，我们办一个展览，比一比谁的书写有进步。

师：写好中国字，做好中国人，写字要用心，做人要真诚。让我们认真写好每一个汉字，做一个自信的中国人！

【设计意图】总结问题。中国字，方方正正，就像中国人一样堂堂正正。我们要写好中国字，做好中国人！

第 2 章
培养公众意识：学会交往

第 1 节　公共场所说话小点声

宁乡市金海小学　罗威

【班会背景】

小学阶段的孩子比较自我，很少顾及他人感受。他们不分场合，不分时间叽叽喳喳，玩耍嬉闹，这使得孩子多的场所，尤其是校园里，时常充满噪音，既不利于身体健康，又对正常的学习生活产生干扰。此次班会课的设计，就是让孩子了解噪音的危害，并通过现场演练，学会在公共场所保持安静。

适用年级：小学三年级。

【班会目标】

1. 认知提升：知道"说话小点声"的内涵是轻声细语、轻手轻脚，能看懂一些保持安静的标志。

2. 价值塑造：声音小一些，文明程度就高一些。

3. 外化于行：在公共场所不喧闹，讲文明，不影响和干扰别人。

【班会准备】

1. 资源：视频《喧闹的公交车》《小王进学校图书馆》《小文进教室》《小明进老师办公室》，音频《喧闹给人健康带来危害》《风声小了，听得见流水的声音》《雨声小了，听得见小鸟的声音》，课件。

2. 思路：从小学生认知的角度，用描述的方法进行概念解析，将公共场合具体化为图书馆、教室、办公室、餐厅、医院等各种具体的场所，将"说话小点声"的涵义梳理为小点声、动作轻、讲文明等词汇。

一、情境导入

谈话导入：小朋友们好！看到大家的笑脸，老师很高兴，可是，老师今天来学校的路上，很不高兴，为什么呢？因为老师上了一辆特别喧闹的公交车。（播放视频《喧闹的公交车》）

师：你看到了什么？假如你在公车上，有什么感受？

生：很多人挤在公交车上，有人在大喊大叫，有一个小女孩还捂住了耳朵。

师：观察真仔细。

生：司机叔叔很不舒服，无奈地摇了摇头。

师：你说到司机叔叔心坎里了。

生：那种尖叫声，会让人得心脏病。

师：小小年纪，你就有当医生的潜质呢！

生：在公共场合大声尖叫，这是不文明行为。

师：不文明的行为，说得很有道理！

生：很喧闹。

师：喧闹用得真准确！

师：（总结）在这样的环境里，会让我们很不舒服，还会影响我们的健康。我们在任何公共场合，都应该小点声，不打扰其他人。

（板书并让学生齐读课题：公共场所说话小点声。）

【设计意图】通过一个喧闹的视频，引出课题，并对学生进行认知提升：喧闹的环境，会让我们很不舒服，还会影响我们的健康。

二、在哪些地方说话要小点声

1.分析在公交车上喧闹的危害。

师：孩子们，回想刚刚那公交车上的大声喧闹，会对哪些人产生危害？

生：对乘客有影响，会忘记下车。

师：影响到乘客到站下车，你是细心的孩子。

生：会影响司机叔叔开车。

师：真是个会站在对方角度思考问题的孩子。

生：耳朵会受不了的，影响到了我们的听力，健康会受到影响。

师：医生告诉我们："如果一个人经常生活在喧闹的环境中，他的心脏、听力就会受到影响，使人产生心理焦虑的症状。"（播放音频《喧闹给人健康带来危害》）

警察叔叔提醒大家：在公共场所大声喧哗，如果严重影响到别人，就触犯了《治安管理处罚条例》，会受到相应的处罚！

师：在公共场所大声说话、大声喧哗，会干扰别人，给别人造成麻烦，这是没有素养的表现。所以，在公交车上我们应该怎么做？

生：小点声。

（教师板书：公交车上小点声。）

师：在公共场所不要大声喧哗，如果是两个人说话，最好不要让第三个人听见。

2. 在公共场所我们应该怎么做。

师：接下来，请大家跟着老师一起来欣赏一组公共场所安静美好的图片。假如你身处在这些场所，你会怎么做？

生：在图书馆里，我会轻手轻脚。

师：我愿意和你一起在图书馆看书。

生：在学生自习的教室里，我会安静地做作业，不打扰别人。

师：做你的同学很开心。

生：在老师办公室里，我会小声跟老师交流，不大声说话。

师：替认真办公的老师谢谢你。

生：在餐厅里，我会尽量不说话，如果要交流，也会很小声。

师：同你一起用餐很荣幸。

生：在博物馆里，我会讲文明，不喧闹。

师：一起安静地观看，一定会学到更多的知识。

生：在医院里，我不会大喊大叫。

师：替忙碌的医护人员感谢你。

（教师随机板书：公交车、小点声、图书馆、动作轻、教室里、讲文明……）

【设计意图】带领学生分析在图书馆、教室、办公室、餐厅、医院等各种具体的公共场所中应该怎么做，对"说话小点声"的涵义进行具体化，包括小点声、动作轻、讲文明等词汇。

三、我是小小劝导员

师：在我们的学习和生活中，总会出现一些不和谐的声音，请孩子们当一当小小劝导员。

（播放视频《小王进学校图书馆》。）

小王迈着重重的脚步进入学校图书馆，把书重重丢到桌子上，坐下看书。抬头一看，小静也在看书，大声打招呼："真巧呀，你今天也在这里看书呀！"

生：我想对小王说，这里是图书馆，请不要这么大声说话，以免打扰到别人。

（播放视频《小文进教室》。）

小文蹦蹦跳跳进入教室，粗暴地搬动椅子，发出响声，坐下后和小安打招呼："小安，你昨天玩了一个什么游戏？"

生：我想对小文说，这里是教室，是文明的场所，请不要这么粗鲁。

（播放视频《小明进老师办公室》。）

小明和小文走进老师办公室，小明接妈妈电话："喂！妈妈，你有什么事吗？今天放学以后我想吃苹果，你记得帮我去买哦！"

生：我想对小明说，老师办公室，还有老师在办公，请轻声细语。

小结：小声说话，是一种文明。放大了自己的音量，实际上缩小了自己的格局。

【设计意图】通过三个视频，让学生站在一个旁观者的角度去观察在公共场所大声喧闹的行为，引发学生的自我反思：这样的行为也可能曾经发生在自己的身上，只是未曾察觉。对学生进行价值塑造：小声说话，是一种文明。

四、我是小小行动家

师：孩子们，仔细回想一下，你有在公共场合大声吵闹的情况吗？以后会怎样做呢？

前后四个孩子一组，交流一下。（学生自由讨论3分钟）

生：我以前在上自习课的时候，喜欢找人说话，影响了其他同学的学习，以后我要改掉这个毛病，自习课不能讲话。

生：以前我在学校集会的时候，大声说话，被老师批评过，以后我要遵守集会纪律。

生：以前我在就餐的时候，喜欢找人交谈，以后不能这样子了，我要做一个文明人。

师：在学习和生活中，很多场所都需要保持安静，让我们一起来认识身边的安静标志，如果你看到了这些标志，请注意轻声细语。

（PPT出示五种安静标志，并一一跟学生解读这些标志的意义。）

孩子们，风声小了，听得见流水的声音。（播放音频《风声小了，听得见流水的声音》）雨声小了，听得见小鸟的声音。（播放音频《雨声小了，听得见小鸟的声音》）在公共场所，我们声音小了，听得见文明的声音！

师：文明始于细节，无论身在何地，我们理应顾及别人的感受。声音小一些，文明程度就高一些。

孩子们，这节课我们不仅知道了在公共场所说话应该小点声，讲文明，还认识了很多安静的标志。在今后的学习和生活中，老师希望大家都能做到：在公共场所说话——

生：（齐读）小点声、动作轻、讲文明。

师：让我们一起争做文明守法小公民！孩子们，下课！

【设计意图】通过讨论和体验，引导学生总结保持安静的对策，为学生提供具体的指导，帮助学生自觉形成文明的行为习惯。对学生进行价值塑造：文明始于细节，无论身在何地，我们理应顾及别人的感受。声音小一些，文明程度就高一些。

第2节　大家都来遵守规则

宁乡市金海小学　陈凤

【班会背景】

一个班级纪律的好坏，将直接影响到学科教学的授课效果，直接影响到班级的班风、班貌。我发现我们班的孩子，集体意识不强，在习惯养成重要阶段，要让学生明白一所学校如果没有纪律要求，课堂就会陷入混乱，最后人人都成了受害者。本节课的目的，是让孩子们明白，有规则才能有序生活，学校和班级有校规和班规，我们才能专心学习、健康成长。规则在约束人的同时，其实也在最大限度地保护人，让每个人都受益。

适用年级：小学三年级。

【班会目标】

1. 认知提升：知晓什么是规则，集体生活必须有规则，才能确保每个人的利益。

2. 价值塑造：没有规则，就没有秩序。

3. 外化于行：在社会上做一个遵守规则的好公民，在学校做一个遵守规则的好学生。

【班会准备】

1. 资源："扳手腕"游戏，视频《爷爷来游乐场1》《爷爷来游乐场2》，背景音乐。

2.思路：通过游戏，以及孩子们喜欢的动画片《小猪佩奇》的视频片段，让孩子们知道假如没有规则，任何活动都无法正常进行，引导学生自己制定班级规则，为之后的自觉遵守班级规则打下良好基础。

一、什么是规则

游戏导入：同学们，你们喜欢做游戏吗？现在我们就来玩一个"扳手腕"的游戏，请同桌的两位同学来"扳手腕"。

时间为1分钟，不宣布游戏规则，允许教室混乱。

师：赢的同学请举手。

生：老师，我对比赛的结果有意见。

师：你有什么意见？

生：我的对手不遵守规则，他的肘部抬起来了，不能算他赢。

师：游戏规则里有不准把肘部抬起来吗？

生：没有。

师：那他就没有违反规则。

生：老师，如果没有这条规则，那这个比赛还怎么进行？

师：怎么啦？

生：把肘部抬起来，那就不是扳手腕了。

师：哦，这样呀，谁还有意见？

生：老师，我有意见，我的对手在扳的时候，手没有放直，是弯的，我吃亏了。

生：老师，我有意见，我的对手在扳的时候，左手过来帮忙了。

师：看来，大家意见还挺多的嘛，大家为什么会有这么多意见呢？

生：老师，你的规则没有讲清楚。

师：说得对，刚才我们扳手腕，老师没有讲清楚游戏规则。没有规则，就没有秩序，比赛就进行不下去。要不，我们再来一次，怎么样？这一次，老师制定好了扳手腕的游戏规则。（请一名同学大声朗读游戏规则）

1. 根据自己的实力，选择前后左右的一名同学作为对手，聘请一名同学作为裁判。

2. 比赛采取三局两胜制。

3. 只准使用右手。

4. 比赛时，手必须平直，肘部不许抬起，服从裁判的指挥。

5. 限时1分钟，将对方手腕扳倒为赢。

（学生再次进行"扳手腕"的游戏。老师采访游戏失败的学生。）

师：告诉大家，你是输了还是赢了？

生：输了。

师：还有意见吗？

生：没有。

师：为什么没有意见呢？

生：因为对方遵守了游戏规则，我确实输了。

师：大家都遵守了规则，所以大家都没有意见。游戏需要规则，我们的生活、学习也需要规则。这一节课我们就来聊一聊"规则"这个话题。

【设计意图】通过游戏，让同学们知道在生活中，没有规则，就没有秩序。我们生活的社会有规则，学校和班级都要有规则。

二、假如没有规则

师：你知道哪些规则？

生：马路上要遵守交通规则，红灯停，绿灯行。

生：上学不能迟到，在学校要遵守小学生的规则。

生：很多人的公共场合需要排队的规则。

师：同学们说得真好，社会上有规则，学校里有规则。规则就是：规定大家必须共同遵守的制度或章程。

师：有些同学会说，有这么多规则要遵守，真的好累啊，好想自由自在。我们来看一个视频，看看如果没有规则，会怎么样。

（播放视频《爷爷来游乐场1》。）

猪爷爷带着佩奇和乔治到游乐场玩。小兔理查德觉得排队有点麻烦，于是滑梯玩了一次之后，他直接排在了队伍的最前面。一个小伙伴抱起理查德，送到队伍的最后面，说："淘气的理查德，你应该知道，要排队玩。"

理查德大哭。

猪爷爷说："哦，小家伙，做一个小孩子很不容易吧。是吗，理查德？因为理查德比较小，我觉得他不用排队了。"

兔小姐走过来说："我要是你，我就不会改变规则的，猪爷爷。"

猪爷爷说："没关系的，孩子们都能理解的，是不是呀？"

理查德得到猪爷爷的支持，哈哈笑着，跑到最前面插队爬上了滑梯。

佩奇说："但是爷爷，乔治也还小，可他就必须在这里排队。"

乔治也大哭。

猪爷爷说："是的，乔治的确还小，所以，他也不需要排队。"

乔治得到猪爷爷的支持，哈哈笑着，跑到最前面插队爬上了滑梯。

糟糕，乔治和理查德一直在玩滑梯，其他人都没有了机会。

佩奇说："爷爷，我们什么时候能去玩滑梯呀？"

猪爷爷说："不用担心，佩奇，他们不会在上面玩很久的。"

结果，小伙伴们都等得太无聊了，于是，结伴一起去玩秋千。

玩秋千的时候，又被佩德罗破坏了规则。

小伙伴又结伴去玩旋转圆盘，结果有各种理由的小动物破坏了规则。

师：你看到了什么？结果怎样？

生：玩滑梯的时候，理查德和乔治，因为年纪小，破坏了规则，结果就让其他小动物们都不能玩了。

生：玩秋千的时候，小马佩德罗找了一个借口——我马上就要回家了，破坏了规则，结果就让其他小动物们都不能玩了。

生：玩旋转圆盘的时候，各个小动物又找了各种各样的借口来破坏规则，导致大家都玩不成。

师：你们观察得很仔细，这说明什么问题？

生：如果有人破坏规则，就会伤害大多数人的权益。

（播放视频《爷爷来游乐场2》。）

猪妈妈过来了，问猪爷爷："照顾孩子还顺利吗？"
猪爷爷说："我很困惑呀，这个游乐场的规则实在有点太麻烦了。"
猪妈妈说："游乐场里只有一个规则，那就是大家都要排队玩。"
猪爷爷问："小孩子们也要排队吗？"
猪妈妈说："对，小孩子们也要排队。"
佩奇问："那么年纪大的人也要排队吗？"
猪妈妈说："即使像猪爷爷这么大年纪的人，也要排队。"
在游乐场，大家都要排队玩。

师：故事中的规则是由谁制定的？结果怎样？

生：猪妈妈制定了规则，不管年纪大还是年纪小，都要排队玩。有这个规则以后，游乐场就恢复了秩序，小动物们都可以玩。

师：我们只有制定并遵守规则，才能保护自己的自由和权益不受侵害，建设更加美好和谐的社会。

【设计意图】每个人都向往自由世界，通过视频让孩子们自己观察游乐场没有规则会怎样，从而懂得为什么要制定规则。

三、一起来制定规则

师：我们知道还是要有规则好，现在我们制定课堂上应该遵守的规则，请在小组长的组织下讨论一条你认为最重要的课堂规则，请组长写下来。

（在组长的组织下，各组讨论一条课堂规则，组长记录下来，时间为3分钟。讨论完成后分组汇报，并请一位同学汇总，成为班级公约。）

生：上课不能迟到，要做好课前准备。

师：大家同意吗？

生：(齐)同意。

师：好，既然大家都同意，那么请你们派一个人到黑板上写下来。

生：上课不插嘴，专心听课。

生：认真做好课堂笔记，书写要工整。

……

师：感谢同学们参与制定规则，来，我们一起把规则大声读一遍。

班级课堂规则：

1. 上课不迟到，做好课前准备。
2. 不插嘴，专心听课。
3. 做好课堂笔记，书写工整。
4. 不做与课堂无关的事情。

师：大家觉得我们班在哪个方面也要制定一个规则？

（学生自由讨论，选一个典型的问题制定规则，并将大家的意见当场输入电脑或者写在黑板上，形成正式的班级规则。）

【设计意图】让学生讨论制定班级规则，为今后遵守规则打下良好基础。

四、大家都来遵守规则

师：没有规则，就没有秩序，班级就会变得混乱，课堂也会变得混乱；有了规则，课堂才会变得有序，学习才能高效进行，班级才会变得优秀。我们班以后还可以尝试制定班级的卫生、礼仪、餐厅等规则，希望以后我们都能遵守规则，相信我们的班级会更团结向上。

总结：一所学校、一个班级，都必须有自己的规则，并且只有大家都遵守规则，我们才能在课堂上学到知识，在学校里有序生活。班级的规则是我们自己制定的，今后我们每个人都要自觉遵守班级规则。

【设计意图】唤醒学生的规则意识，在学校做一个遵守规则的好学生，在社会上做一个遵守规则的好公民。

第3节　安全上下学

湘潭县天易贵竹学校　蔡婷

【班会背景】

交通安全关系到每一个孩子和家庭的幸福，看似平常得不能再平常的上下学路上，其实存在着不少安全隐患。所以，学校教育必须重视交通安全问题，要唤醒孩子的交通安全意识，使他们掌握必要的交通安全知识和技能，确保上下学路上的交通安全。

适用年级：小学三年级。

【班会目标】

1. 认知提升：了解上下学的主要交通方式及相关安全知识。

2. 价值塑造：道路千万条，安全第一条。

3. 外化于行：认识相应的安全标志。

【班会准备】

1. 资源：视频《过马路安全童谣》《鸡蛋实验》《为什么要使用儿童安全座椅》，音频《"红领巾公益服务团"招募令》《公交车广播》，安全头盔6个。

2. 思路：本课以小交警招募"红领巾公益服务团团员"为主线，设计了"安全过马路""一盔与一带""守公共秩序"三个环节，针对步行、骑乘电动车、乘坐私家车、乘坐公共交通工具等上下学交通方式，提出了有效的安全问题解决方法。

一、谈话导入，引出任务

师：孩子们，今天早上你们是怎么到学校的？

生：我是走路到学校的。

生：我是坐爸爸的小汽车到学校的。

生：我是坐公交车来学校的。

师：我们上下学的交通方式无外乎这么几种——走路、坐公交车、搭乘父母的车，老师想问问大家，你们知道在路上最重要的事情是什么？

生：安全。

师：是的，道路千万条，安全第一条。今天我们就一起来交流讨论，上下学途中我们应该怎样保证自己的安全。（板书课题：安全上下学。）

师：而且，今天交警叔叔也来到了我们的课堂，听一听他是怎么说的。（播放音频《"红领巾公益服务团"招募令1》：亲爱的小朋友们，我们"红领巾公益服务团"要招募新成员，闯过三关就可以通过考核，你们有信心吗？）

【设计意图】联系生活实际，拉近与孩子们的距离，引出课题。

二、联系实际，完成任务

1. 安全过马路。

师：让我们赶紧进入第一关。

（播放音频《"红领巾公益服务团"招募令2》，板书：安全过马路。）

师：我们先来看看这个小朋友，过马路的方式对不对？为什么？

（课件出示：攀爬围栏动画。）

生：不对！我们不可以翻越栏杆！

生：这样太危险了！容易被车撞！

师：是呀！马路上车来车往，多危险呀！被撞了怎么办？从栏杆上摔下来了怎么办？所以过马路时，禁止翻越栏杆。

（出示标志：禁止翻越栏杆。）

师：那这两个小朋友呢？说说原因。

（课件出示：过马路踢球动画。）

生：不行！不可以随意横穿马路。

生：不能在马路上踢球，很危险的！

师：对呀！从孩子的哭声中我们也知道了答案。过马路时严禁随意横穿马路，追逐打闹，不能翻越栏杆。那我们该从哪里过马路呢？

生：走斑马线。

师：是的，行人过街要走人行横道，也就是斑马线。过斑马线时我们应该注意什么呢？谁来说一说？

生：红灯停，绿灯行。

生：过马路前要先看看路上有没有车。

师：老师把大家刚刚说的注意事项编成了一首过马路安全童谣，我们一起来学习学习。（播放视频《过马路安全童谣》）

师：我看大家也想动起来，那来吧！请大家起立，椅子推到课桌下面，我们跟着小老师一起来做一做。

（学生跟着视频一起念安全童谣和学习课桌舞。）

师：过马路的方法大家记住了吗？接下来想和大家来模拟练习一下，请6个孩子来试一试吧，在这里排好队，如果可以过马路就走过去，不能过的话就说出理由排到后面去。

师：第一个，现在过马路吗？

生：不过，因为是红灯。

师：已经没有车啦，红灯也马上就结束啦，过不过？

生：不过，因为红灯还没有结束。

师：对呀，不急这一时，这不，绿灯了，过吧。

师：呀！绿灯马上就没有啦，要不冲过去？

生：不过，那样太危险了！

师：看！绿灯了！怎么不过去？你瞧，多可惜，又变红灯了，又要耽误时间了。

生：不行，刚刚过去一辆车！

师：对呀，等一等绿灯就会有的，但是生命只有一次，还是安全最重要。这不，绿灯又来了，过吧。其实在我们的生活中，除了斑马线，还有其他的地方也是可以过马路的，比如……

生：天桥。

生：还有地下通道。

师：在城市比较拥堵的地方，会设置地下通道和过街天桥，人车分流，通行更安全。如果需要过马路的区域既没有人行横道，也没有地下通道和过街天桥，该怎么办呢？

生：我会先观察路上有没有车，确认安全了再通过。

师：多一分细心就多一分安全，愿大家每天都能平平安安地过马路。

2. 一盔与一带。

师：你们真是太棒了，接下来我们来到第二关：一盔一带。（播放音频《"红领巾公益服务团"招募令3》）

师：谁知道"一盔"指的是什么吗？

生：头盔。

师：那什么时候需要使用头盔呢？

生：坐摩托车或者电动车时。

师：谁应该佩戴头盔呢？

生：骑车和坐车的人都需要戴好头盔。

师：是的，骑乘电动车、摩托车时，车上的每一个人都需要戴好安全头盔。那么，为什么需要带好安全头盔呢？我们一起通过一个鸡蛋实验来了解一下。（播放视频《鸡蛋实验》）

师：这个鸡蛋就是我们的——

生：头。

师：这个铁盒就是我们的——

生：头盔。

师：现在大家知道安全头盔的重要性了。在意外发生的那一刻，你希望你的头上戴着的是什么样的安全头盔呢？老师这里有一组头盔，你会选择哪一个呢？为什么？（学生上台选择头盔）

师：你为什么不选择这个？

生：这个头盔里面没有海绵。

师：你为什么不选这个？

生：这个头盔没有安全合格标记。

师：那这个呢？

生：这个头盔太大了！

师：我们应该选择质量过关、大小合适的安全头盔。那么头盔该如何佩戴呢？谁来给大家演示演示？

（学生试戴安全头盔，以不左右晃动为准。）

师："一盔"我们弄明白了，这"一带"又是什么意思呢？

生：开车时请系好安全带。

师：那么谁该系好安全带呢？

生：司机和乘客都要系安全带。

师：不仅仅是司机，车上的每一个乘客都应该系好安全带。那么儿童该怎么系安全带呢？

生：要使用儿童安全座椅。

师：你的安全意识可真高。那我们来做个小调查：家里车上有安全座椅的孩子请站起来，乘车时每次都使用了安全座椅并系好安全带的孩子请站起来。

师：为什么我们不能像大人一样直接使用车上的安全带呢？我们来看第二个实验。（播放视频《为什么要使用儿童安全座椅》）

师：瞧！这就是我们生活中常见的几种安全座椅，哪一个是适合我们长期使用的安全座椅呢？

（课件出示三种座椅：1号是婴儿安全座椅，2号是便携式安全座椅，3号是通用儿童安全座椅。）

生：3号，它的海绵是最多的。

师：对的，3号安全座椅的安全性能是最高的。1号安全座椅是小婴儿专用的，而2号的优点是方便携带，适合临时应急使用。

师：有了一盔一带，我们就上了万能保险，在交通意外中再也不会受伤了吗？

生：不是！他们只是减轻了伤害而已。

师：是的，任何保护措施都只能减轻冲击力带给我们的伤害，而无法将伤害清零。在我们骑乘车辆时，还有许多威胁着我们安全的行为，我们一起来看一看。（出示图片）

生：第一幅图，从车窗扔东西是不对的，这样会污染环境，而且会影响后面的车。

生：第二幅图，人都没有头盔，而且人数有点多。

师：那你知道电动车、摩托车最多坐几个人吗？

生：一个司机一个乘客。

生：第三幅图，很危险，一辆共享单车只能一个人使用。

生：第四幅图，也危险，妈妈告诉我，现在车上不能加这个伞了！

师：你看这伞能遮风挡雨，多实用啊！为什么不能加装伞具？

生：因为刮起风来，容易把车吹倒。

师：所以我们应该遵守交规，时刻谨记安全第一。

3. 守公共秩序。

（播放音频《"红领巾公益服务团"招募令4》：小朋友们，加油！你们离目标越来越近了。）

师：在生活中，有时我们也需要乘坐公共交通工具出行。你知道有哪些常用的交通工具吗？

生：公交车是公共交通工具。

生：还有地铁也是公共交通工具。

生：我妈妈有的时候会打的送我上学。

师：那乘坐这些交通工具时我们应该怎么做呢？

生：要戴好口罩。

生：要排队。

师：其实，车上的广播就已经说得很清楚了，我们来听一听。（播放音频《公交车广播》）

师：你听到了一些什么？

生：广播里说要给老弱病残孕及带小孩的乘客让个座。

生：不能携带易燃易爆的危险物品上车。

师：给他人让座能保证我们的安全吗？那为什么我们需要这么做呢？

生：因为他们身体不方便，给他们让座能让他们坐车更舒服、更安全一些。

师：是呀！道路千万条，安全第一条。我们出行不仅要保证安全，更要做到文明有序，共建和谐社会。文明乘车、安全乘车，相信大家能一如既往地在公共交通工具上展现出少先队员的良好品质。

【设计意图】针对步行、乘坐电动车、乘坐私家车、乘坐公共交通工具等主要上下学方式，采用观看视频、模拟练习等方式，让学生知晓如何保护好自己。

三、回归生活，延伸任务

师：恭喜大家成功闯过三关，交警叔叔有一份神秘大礼送给大家哦。

（播放音频《"红领巾公益服务团"招募令5》：小朋友们，恭喜你们成功通过"红领巾公益服务团"的考核，赶快来领取你们的聘书吧！教师给学生颁发聘书和"红领巾公益服务"记录单。）

师：今天，我们一起交流学习了安全上下学的注意事项。作为"红领巾公益服务团"的成员，你掌握了哪些知识呢？

生：我知道了佩戴安全头盔的重要性，我以后坐摩托车都会佩戴好头盔。

生：我知道了安全座椅的重要性，以后我都会使用儿童安全座椅。

师：作为"红领巾公益服务团"的成员，我们应该想办法为身边人的安全出行保驾护航。课后，大家可以运用今天学到的知识，提醒自己的身边人，并将你服务的内容记录在老师发给大家的服务表上哦！

"红领巾公益服务"记录单			
服务时间		服务对象	
出行方式	服务内容		
步行			
骑行			
乘坐私家车			
乘坐公共交通			
其他			

师：今天我们的课就上到这里，道路千万条，安全第一条。希望大家以后不但时刻谨记上下学交通安全，还能用自己所学的知识服务亲友，服务社会。高高兴兴上学来，平平安安回家去！

【设计意图】知识来源于生活，更该回归生活，运用于生活。依托"红领巾公益服务"引领孩子们牢记安全出行，灵活运用安全知识。

第4节 换位思考

湘潭县天易贵竹学校 周师思

【班会背景】

在与学生交往过程中，我发现部分学生缺乏换位思考的习惯，做事情总是喜欢从自己的角度出发，把自己的感受摆在第一位，不考虑别人的感受，对别人严格要求，对自己放松要求甚至是没有要求，在人际交往中产生各种各样的摩擦。针对此现象，特意设计本堂班会课，旨在引导学生运用换位思考的方法，理解他人，处理好与他人的关系。

适用年级：小学三年级。

【班会目标】

1. 认知提升：知晓什么是换位思考，为什么要进行换位思考，怎样去进行换位思考。

2. 价值塑造：换位思考，会让我们朋友更多，生活更美好。

3. 外化于行：学会在人际交往中运用换位思考的方法来处理问题，从而提升个人交际能力，避免人际冲突。

【班会准备】

1. 资源：有一处损坏的苹果和梨各一个，视频《站在自己的角度想问题》《换位思考》，课件。

2. 思路：通过游戏、情境演练等方式，习得换位思考的方法，让学生学会站在他人的角度考虑问题，解决问题。

一、初识换位思考

师：同学们，周老师的"烦恼信箱"里收到了一位同学的来信，我们一起来看看他遇到了一件什么事。（课件出示烦恼信）

周老师，昨天是我们小组值日打扫卫生。中午，小西回教室后拿着跳绳就往外跑，我把他叫住，让他留下来打扫卫生。结果他拿着扫把扫了两三下，就又准备溜走，我拦着他，让他打扫完再走。他说："关你什么事啊！"我是组长，当然应该管他啊。他说要去训练，可我们每个人都有事啊。于是我们一人一句就吵了起来，连值日也没有做好。——晓东

生：小西同学因为要去练习跳绳，随便应付一下值日就想走，而组长却认为小西应该认真做值日，于是他们俩就发生了争吵。

师：一件小事，就引发了一次激烈的矛盾冲突。你在生活中，遇到过类似的场景吗？

生：弟弟不小心把我的水杯打翻了，然后我们就吵了起来。

生：我和朋友玩的时候，太高兴了，一激动就说了一句粗话，朋友以为我在骂他，我们俩就你一言我一语地吵了起来。

生：做作业时，我同桌看了一下我的作业，他说没有看，我们就因为这件事吵了起来，好半天都没有和对方说话。

师：那我们要怎样才能避免这些矛盾，与他人好好相处呢？

生：我觉得我们在和别人相处的时候要宽容、理解他人。

生：我觉得我们在遇到事情的时候可以换位思考。

师：换位思考真是一个好办法，那怎么样才是换位思考呢？这节课我们就一起来聊聊这个话题。

【设计意图】从学生可能经历过的情景导入，引导学生讲述自己的故事，分享个人在处理人际矛盾过程中方法的不妥当，引出换位思考。

二、如何进行换位思考

1. 站在他人角度看问题。

师：我们一起来玩一个小游戏，游戏的名字叫"你选哪一个"。游戏之前，先强调一个规则：整个游戏过程中，所有人都必须保持安静，按照老师的要求参与游戏，不能相互交流。同时，这个游戏还需要请一位同学到前台来，有谁

愿意来做这个志愿者？

（学生举手，老师点名一个学生上台，要求他站在桌子后面，面向同学，不能出声。随后，老师当众摆放水果。）

师：老师这里有一个苹果和一个梨（苹果是烂的地方对着全班学生，梨是烂的地方对着讲台上面的志愿者。）请每一位同学都做一个选择，选一个水果送给你的好朋友，请把你的选择写在纸上。

（全班同学都将自己的选择写在一张纸上。）

师：请大家将纸立起来，让大家都能看到。（讲台上的志愿者选择的是苹果，其他学生选择的是梨子。）

师：（采访讲台下的任一学生）你觉得应该选哪一个水果？

生：梨子。

师：但是讲台上的那位选择的是苹果。你知道是什么原因吗？

生：不知道。

师：要不，你上讲台去看看。

（生上台查看。）

生：哦，知道了，因为从他这里看，梨是坏的。（将梨转过去给学生看）

师：实际上，大家的选择是一样的，都是把你们看到的完好的水果送给朋友，把不好的留给自己。但是由于所站的位置不同，便产生了误解，以为对方是把烂了的水果送给别人，好的水果留给自己。那从这个小游戏中，你有什么收获呢？

生：我们看问题不能只从自己的角度看，还要站在别人的角度去看。

2. 了解他人需求，理解他人想法。

师：接下来，我们同桌两人一组，玩一个游戏："说你说我"。两人面对面，用2分钟的时间和对方沟通。说话的一方以"我"为主语，不能说"你"怎么样怎么样，使用下面的句式：

周末，我想去……
我想叫×××一起去
我想带……
我……

（学生先自由活动。随后老师招募两名志愿者上台展示。）

师：当同伴对你一直说"我如何如何"时，你有何感受？

生：我感觉很不舒服，明明是两个人在交流，他却只说自己，我感觉我没有得到尊重，感觉自己被当成了空气。

师：谢谢，请大家记住刚刚的感受。接下来，我们换一下，仍是同桌两人为一组，这一次，我们说话时可以参考下面这些句式：

周末，我想去……，你呢？

我想叫×××一起去，你呢？

我想带……，你呢？

我……你……

师：老师再采访两位同学。这一次，你有何感受？

生：我感觉很开心，我也能参与进来了。

生：我感觉自己得到了她的重视。

师：其实啊，这就像我们平时的生活，平时我们习惯了以自我为中心，习惯了过多关注自己的需要而忽视了别人，这很容易影响同学之间的关系。在与人相处的过程中，我们不仅需要考虑自己的感受和需要，更需要关注别人，考虑别人的需要，了解别人的想法，这样会更有利于我们和他人和谐相处。那如何做才可以理解他人呢？

生：我认为我们可以站在别人的角度想想他需要什么。

师：是的，我们可以想想别人需要和不需要的，有时还可以站在他人的角度，想想如果自己是他，会怎么做，这样能让我们更好地理解他人。

（课件出示：理解三步曲。）

TA需要（希望）……

TA不需要（不希望）……

如果我是TA，我的做法是……

师：下面请同学们当当小法官，判断他们的做法是否正确，如果不正确，请运用理解三步曲说说。

（图片1：女孩考试成绩不好，大哭，旁边有学生笑话她——哈哈哈，你才考40分，你不配坐第一排。图片2：男生说，你碰我的铅笔盒，我踩你的书；女孩说，我不是故意的。）

生：图1中两个小男孩的做法都不对，小女孩需要的是他人的鼓励、安慰，不需要他人的嘲笑，如果我是小男孩，我会和小女孩说："没关系的，你比之前有进步啦，相信你继续努力，下次一定会考得更好的。"

生：图2中小男孩的做法不正确，小女孩希望小男孩能原谅她的无意之举，不希望小男孩这样故意损坏她的东西，如果我是小男孩，我会原谅小女孩。

师：这都是我们平时生活中经常能见到的场景，希望同学们在平时的生活中遇到类似的事情时能先理解他人，与他人友好地相处。

3. 真诚友好地沟通。

师：在我们的生活中，有时站在他人的角度，也不能避免矛盾的发生，这是为什么呢？我们一起来看一个小片段。

场景一

旁白：小陶和小红是同学，小红是课代表，早自习下课后，小红抱着一堆作业去办公室，太重了，搬不动。

小红：哎呀，怎么这么重呀，谁来帮帮我？（小陶跑过）小陶小陶，快来帮我。

小陶：哎呀，我没空，我有事。

小红：着什么急呀，哼！（跺脚）

【中午】

小志：小红，我们叫上小陶一起去跳绳吧？

小红：小陶？我才不去，早上我让他帮我搬作业，结果他看都不看就走了，老师说让我们要换位思考，如果我是他，我肯定会帮忙的。哼！我看他就是个小气鬼，自私、没有公德心……（小陶慢慢走过来，旁边同学提醒"嘘"，小红仍继续讲。）

小陶：你这个讨厌鬼！

小红：我讨厌鬼？你才是！

小陶：你才是！

小红：你才是！

小陶、小红：哼！（跺脚转身离开）

师：同学们，在刚刚的视频中，小红有没有换位思考？

生：有，她说她如果是小陶，她一定会帮忙。

师：咦？为什么小红进行了换位思考，他们两人还是进行了争吵？

生：小红虽然进行了换位思考，但她没有真正了解小陶不帮忙的原因。

师：是啊，那如果时光倒流，小红了解了小陶不帮忙的原因，事情又会怎么发展呢？

场景二

走廊搬书场景：

小红：咦？小陶为什么不帮我搬本子呢？

下课后：

小红：小陶，你刚刚为什么不帮我搬本子呢？

小陶：我刚刚急着去开会，没有来得及帮你，真不好意思啊！（摸摸头）

小红：原来是这样啊，如果我是你的话，我也会先去开会的，那这次就算了，下次记得帮我搬作业啊！

小陶：好的。

师：小红做了什么让两人避免了矛盾的发生？

生：小红在下课后及时地和小陶进行了沟通，了解了情况。

师：是的，在换位思考中，沟通很重要。和对方真诚、友好地进行沟通，了解了他人的情况，再进行换位思考，这样生活中的小矛盾就会减少很多啦！

【设计意图】通过游戏、情境演练等方式，习得换位思考的方法：站在他人角度看问题，了解他人需求，理解他人想法，真诚友好地沟通。

三、情感换位

师：经过这堂课的学习，你们是否学会换位思考了呢？让我们一起来解决课前晓东同学的烦恼吧！老师想请同学们，同桌两人分别扮演小西或晓东，运用换位思考的方法，帮他们解决这次的矛盾吧！同桌可以商量一下角色分工。

生（扮演晓东）：对不起，我不应该这么冲动，你要去训练，所以心里着急。你去吧，值日我来帮你做。

生（扮演小西）：组长，对不起，我没有考虑到你。你作为组长很负责任，我不应该只考虑到自己，不应该因为自己有事而不去做值日。

师：听了同学们的发言，老师感觉教室更温暖了呢，这就是换位思考的力量啊！

【设计意图】学以致用，让学生运用换位思考的方法，解决本堂课开始时的案例。

四、总结

师：同学们，通过这节课的学习，你学到了什么？

生：我知道了站在别人的角度看问题、理解尊重他人、和他人友好地沟通可以让我们更好地和他人相处。

师：孩子们，不论是在学校和同学、老师相处，还是在家和父母相处，抑或是在公共场合，我们都需要换位思考。每一个人站的角度是不一样的，我们要学会站在对方的角度去思考问题，尊重、理解他人，真诚地和他人进行沟通。换位思考，会让我们朋友更多，生活更美好。希望大家在以后的生活中做一个能换位思考的孩子。

【设计意图】总结收获，方法延伸，希望孩子们能在平时的生活中做一个爱换位思考的孩子。

第5节　学会肯定和鼓励他人

长沙市芙蓉区马坡岭小学　甘志文

【班会背景】

现代的学生，物质条件丰富，精神生活却相对较为匮乏。特别是在人际交往中，很少有学生能够主动去欣赏别人，也很少受到来自同龄人的欣赏，甚至有些学生在同学交往中有嫉妒心理。这对于学生今后的成长和人际关系的建立、处理，都将会带来负面影响。目前的学校教育，很少在人际交往上对学生进行方式方法的指导，为了让学生学会肯定和鼓励他人，增进同学之间的了解和友谊，特组织本次主题班会课。

适用年级：小学四年级。

【班会目标】

1. 认知提升：知晓描述性评价的概念和操作方法。

2. 价值塑造：肯定和鼓励有着巨大的力量，让被肯定和鼓励的人开心、兴奋，行动更积极，自信心更强。

3. 外化于行：用描述性评价的方法，肯定和鼓励身边的家人、朋友、老师、亲戚、邻居、保洁阿姨、保安等。

【班会准备】

1. 资源：每个学生一张便利贴纸（课前发给学生），视频《女孩快乐得飞起来》《女孩为什么快乐得飞起来》，背景音乐。

2. 思路：通过观看一个小女孩快乐得飞起来的视频，引出"肯定和鼓励给人力量"的核心观点，让学生分享自己被人肯定和鼓励的经历。引导学生尝试肯定和鼓励身边的人，指出笼统表扬的缺陷，从而引出描述性评价的概念，以及具体的操作方法，最后练习用学到的方法肯定和鼓励身边的人，对学生进行"肯定和鼓励给人力量"的价值塑造。

一、导入

师：同学们好！跟大家上课，甘老师非常开心，同学们能夸夸甘老师吗？

师：甘老师，今天你很帅！

生：甘老师，你声音特别好听。

师：听了同学们的夸赞，甘老师瞬间就有力量了。好，上课！

师：老师除了自我介绍外，也给大家带了一个见面礼。老师在假期里看到了一个非常有趣的视频，分享给大家。（播放视频《女孩快乐得飞起来》）

师：短短的三秒中，发生了什么呢？

生：这个小女孩好像特别开心、兴奋。

生：这个小女孩已经开心得飞起来了。

师：那你们知道这个小姑娘开心的原因是什么吗？

生：可能是爸爸妈妈准备带她出去玩。

生：可能是她考试考了班级第一名。

生：可能是她听到了什么好消息。

……

师：来，老师给你们揭晓答案。（播放视频《女孩为什么快乐得飞起来》）

师：再来说说你们看到的，是什么力量让她开心到"起飞"呢？

生：原来她受到了老师的表扬。

师：没错，是老师的表扬。表扬是一种肯定，一种鼓励，刚刚你们对老师的夸赞也是一种肯定和鼓励，它有着巨大的力量，让人开心，让人兴奋，我们也应该在现实生活中学会肯定和鼓励他人。

（板书课题：学会肯定和鼓励他人。）

【设计意图】 通过视频，调节气氛，让学生知道肯定和鼓励会让人开心、兴奋，产生积极上进的力量。

二、肯定和鼓励给我们力量

师：让我们一起来回忆一下自己被人肯定和鼓励的经历。

活动要求：

1. 先自己回忆被人肯定和鼓励的经历——什么事情，对方肯定和鼓励的话语，你的感受，后来行动上的变化。

2. 每个同学再和你的小组分享自己的经历，然后组里选一名代表进行班级分享。

时间 3 分钟。

生：我在家里面做家务，妈妈表扬我爱劳动，我很开心，后来我就经常帮妈妈做家务。

师：你从妈妈的表扬里获得了力量，经常帮妈妈做家务。

生：有一次上数学课，老师请我读题，老师表扬我声音宏亮，吐词清晰，我很高兴，以后上数学课我都积极举手回答问题。

师：你从数学老师的表扬里获得了力量，上数学课积极举手回答问题。

生：上次打篮球的时候，我的伙伴肯定我说，篮球技术好，进篮命中率高，是我们班级球队的主力，我很开心，每天有时间就去练球。

师：伙伴的肯定和鼓励，给了你坚持练球的力量。

……

师：（总结）肯定和鼓励有着巨大的精神力量，能让被肯定和鼓励的人开心、兴奋，行动更积极，自信心更强。

【设计意图】通过回忆，让学生自己感受到肯定和鼓励的力量——会让我们开心、快乐，做事更有动力。

三、解读描述性评价的概念和操作方法

师：同学们，你们知道怎么肯定和鼓励别人吗？

生：知道，就是说别人的长处。

师：比如说，你要肯定和鼓励你的同桌，你会怎么说？

生：小敏同学，你很棒。

师：来，一起来做一个肯定和鼓励的练习，请大家根据自己平时观察到的情况，选择符合下列条件之一的同学进行肯定和鼓励。

人物一：某某同学经常帮助同学。

人物二：某某同学工作认真负责。

人物三：某某人做的某件事让你特别感动。

（学生思考2分钟。）

生：小敏同学热心帮助人，上次放学回家，正好下雨，我没有带伞，小敏主动邀请我一起共伞。

师：当时你的心情怎么样？

生：我很感动。

师：来，我们把这件事情完整地说一遍——发生了什么事情，对方是怎么做的，你的感受，你认为对方是一个什么样的人。

生：上次放学回家，正好下雨，我没有带伞，小敏同学主动邀请我一起共伞。我因为小敏的帮助，没有淋湿衣服，我很感动，很感谢她，她是一个热心帮助同学的人。

师：你说得很好，哪位同学再来说说？

生：我来。

师：你要肯定和鼓励谁？

生：我要肯定和鼓励班长小文。

师：你想要肯定他哪一个方面？

生：他工作认真负责。

师：具体说说事例。

生：上一次我们班开展演讲比赛，组织大家报名、邀请任课老师做评委、工作人员分工、颁发奖状等各项工作，班长做得非常细致。

师：你的感受是什么？

生：我在这次比赛中获得了第一名，我很感谢班长组织这样的活动，让我获得了成长。

师：你觉得班长是一个什么样的人？

生：他是一个工作认真负责的人。

师：你说得很好，以后我们肯定和鼓励别人，不能够干巴巴地说，你很棒，你很优秀，而应该说得具体一点，就像刚才这两位同学说的一样。这种肯定和鼓励别人的方式，我们把它叫作描述性评价。什么是描述性评价？就是用语言描述你看到的事情经过、结果、带给你的感受，来对别人行为进行肯定的一种评价方式。

这种评价方式，包括这样四个部分：

1. 事情。

要求：通过时间、地点、人物，客观描述正在发生的事情。

举例：今天下课的时候，我看到你将掉在地上的一本书捡了起来。

今天第一节课下课以后，我看到你拿来一块干净抹布，将饮水机上的污迹擦洗掉了。

招募志愿者：在教室里做一个动作或者说一句话，让同学们练习描述事情。

（志愿者上台表演，学生练习描述事情。）

2. 细节。

要求：将对方做得认真、专业、感人的细节描述出来，包括动作和语言。

举例：今天的班会课，是小敏同学的舞蹈展示课，舞台就是教室里搬开课桌以后中间的一块空地，有点简陋。在音乐声中，小敏同学成了一只体态轻盈的孔雀，在细细梳妆，时而用嘴啄啄羽毛，时而坐在草丛中休息。小敏蹲坐在舞台上，宽大的裙子铺成了一个圆，她低着头，纤细的手臂颤动着，一直传到指尖，将孔雀的动作模仿得惟妙惟肖。

招募志愿者：在教室里做一个有点夸张的动作或者带着夸张动作说一句话，让同学们练习描述细节。

（志愿者上台表演，学生练习描述细节。）

3. 感受。

要求：表达你此刻的心情，须是积极的，正面的。

举例：今天下课的时候，我看到你将掉在地上的一本书捡了起来，小心地放到课桌上，并帮助同学把有些散乱的桌面进行了整理，看到你这样的举动，我的内心感到很温暖。

4. 评价。

要求：对对方的举动和语言进行肯定性评价。

举例：你真是一个积极向上的人。你是一个特别有爱心的人。

【设计意图】通过两位同学的具体讲述，引出描述性评价的概念，具体介绍这种评价的操作方法。

四、练习肯定和鼓励他人

师：肯定和鼓励有着巨大的力量，让被肯定和鼓励的人开心、兴奋，行动更积极，自信心更强。同学们，你们愿意用肯定和鼓励的方式，来给他人增加力量吗？

生：（齐）愿意。

师：那好，今天我们就用描述性评价这种方法，来肯定和鼓励我们身边的人。请大家根据你平时观察到的情况，选择符合下列条件之一的同学进行肯定和鼓励。

人物一：某某同学经常帮助同学。

人物二：某某同学工作认真负责。

人物三：某某人做的某件事让你特别感动。

给大家3分钟的时间。写完之后老师会请一些同学上台来分享自己写的赞美。

师：（3分钟后）哪位同学愿意上台来分享？

生：老师，我来。我想肯定咱们班的英语课代表小丽，为了提高我们班的英语口语水平，她利用晨读的时间，带领全班同学读教材课文，工作特别认真，对同学的要求也很严格。在她的带领下，我的英语口语有了较大的进步，我很开心，小丽同学是一个无私的人。

师：来，将你写的肯定，当面送给英语课代表小丽同学。

（学生走下讲台，将写的纸条送给小丽，并看着小丽的眼睛说："谢谢你。"小丽站起来说："谢谢你的肯定和鼓励。"）

师：还有哪位同学愿意来？

生：老师，我来。我想肯定咱们班的小明，他在回教室的路上，看见过道上有一张废纸，他将它拾起来放进垃圾桶。我很佩服他，要向他学习。他是一个素质很高的人。

师：来，把你的肯定当面送给他。

师：还有哪位同学愿意来？

生：老师，我来。我想肯定我的妈妈，她工作十分辛苦，回到家后还要把家里打扫得干干净净。我每天都生活得很舒心，妈妈是一个特别无私的人。

师：你的观察很仔细，妈妈为家庭付出了很多，今天一定要记得将这张纸条当面送给你的妈妈。

师：还有哪位同学愿意来？

生：老师，我来。我想肯定教我们音乐的刘老师，她很漂亮，唱的歌也特别好听，每次上音乐课我们都特别开心，她是一个教学水平特别高的人。

师：待会儿下了课，记得将纸条送给刘老师，她在接收到你的肯定和鼓励以后，一定会很开心，也会变得更加自信，更加积极。

（根据课堂教学时间安排6～8个学生上台分享。）

师：没有上台分享的学生，也请你们将自己写的肯定和鼓励当场送出去，对象不是本班同学的，课后再去送或者回家以后再送。

【设计意图】通过写作，学会采用描述性评价的方式肯定和鼓励他人，并通过当场送出纸条的方式，让大家体验、感悟肯定和鼓励的力量。

五、结束语

师：课后，请同学们运用今天学到的方法，当面肯定和鼓励一次身边的家人、朋友、老师、亲戚、邻居、任劳任怨的保洁阿姨、尽职尽责的保安等。用你的慧眼收藏生活的点滴，用你的暖心话语，激发他人无限的力量！

……

师：肯定和鼓励不是虚伪，不是恭维，而是发自内心的对他人的欣赏与赞美。它不仅会让别人心情愉悦，也会让我们自己心情愉悦。孩子们，让我们一起努力，成为一个经常肯定和鼓励别人的人吧！

【设计意图】升华主题，肯定和鼓励不是虚伪，不是恭维，而是发自内心的对他人的欣赏与赞美。

第6节　微笑是最美的语言

湘潭县天易贵竹学校　齐浪

【班会背景】

微笑教育在学生的德育中，起着重要的作用。仅仅一个微笑，就能树立一个文明礼貌的良好形象。微笑是一个人、一个学校、一座城市、一个国家文明的象征。让孩子们从小知道做一个爱笑的人，对他们的终身发展是非常必要的。通过这次活动课，引导学生理解微笑的积极意义，练习有感染力的微笑，并愿意尝试用微笑去调节自己的情绪，用微笑去面对生活中的人和事，促进人际关系的良性发展和心理的健康发展。

适用年级：小学四年级。

【班会目标】

1. 认知提升：知道微笑的积极意义，学会如何练习有感染力的微笑。

2. 价值塑造：微笑是最美的语言。

3. 外化于行：将学到的练习微笑的方法，运用到自己的生活中，做一个爱笑的人，并在生活中能笑对自我，笑对他人。

【班会准备】

1. 资源：笑脸贴图，水彩笔，圆形卡纸，小镜子，彩蛋蛋壳，螺帽，胶带，背景音乐，视频《今天，让这些笑容刷屏》《他们有什么相同之处和不同之处》《"引"字微笑练习法》《微笑的力量1》《微笑的力量2》《你笑起来真好看》。

2. 思路：通过猜一猜每年的5月8日是什么节日，分享央广网视频，引出"微笑"，对微笑传递出的美好情感有初步感知。回忆生活中的微笑时刻、各种活动体验，引导学生体会微笑带来的愉悦心情，学会在生活中笑对自我，笑对他人，感受微笑的魅力。

一、创设情境、引入主题

师：孩子们，我们的班会开始啦！首先，老师来出一道题，你来猜一猜它的答案。请看——每年的5月8日是什么节日？

来，老师给你一点提示（微笑）。

生：世界微笑日。

师：是的，每年的5月8日是世界微笑日，又称国际微笑日。让我们来欣赏一则视频。（播放视频《今天，让这些笑容刷屏》）

师：孩子们，看完这则视频，你有什么想说的吗？

生：我觉得微笑非常美好。

生：微笑能让人心情变好。

生：微笑是一种无声的语言。

师：是的，孩子们说得非常好。今天这节课，我们就要来交流交流微笑的话题。来，一起读一读。（板书课题：微笑是最美的语言。）

生：（齐读）微笑是最美的语言。

【设计意图】通过猜一猜每年的5月8日是什么节日，分享央广网视频，引出本课学习主题，让学生感受微笑的神奇力量，对微笑传递出的美好情感有初步感知。

二、联系生活、感受微笑

师：生活中的你，微笑了吗？

生：微笑了。

师：让我们一起回顾一下，想一想，你在什么时候微笑过？微笑又带给你什么感觉？

生：我取得优异的成绩时微笑了，我感觉当时我很开心。

师：是的，取得好成绩时我们会微笑。（为分享的学生贴上笑脸贴图。）

生：我获得大家的认可时，我很开心。因此，我微笑了。

师：获得大家的认可时微笑了。孩子们，继续交流。

生：当我付出努力，并且得到好的结果时，我微笑了。我感觉很舒服。

师：还在什么时候会微笑呢？比如：早上来到学校……

生：我跟老师问好，老师也回答"早上好"时，我会微笑。

生：早读的时候，大声朗读课文，被老师表扬了，我会微笑。

生：别人帮助了我，我要感谢他，会露出微笑。

师：是的，得到别人帮助时，我们会微笑。

生：我帮助了同学，同学回我一个微笑，我感觉非常舒适，非常快乐。

生：我默写生字全对时，我会微笑。

生：我跟同学玩的时候，我会微笑。

生：我得到父母的赞美时，我会特别开心。

师：看来呀，生活中很多事情都会让我们微笑。你微笑的时候，你是开心的。我们看到你微笑的时候，也会怎么样？

生：开心。

师：我们想起这些开心的事，嘴角就会往上扬。

【设计意图】感受微笑让人心情愉悦，传达文明与礼仪，传递友好和热情。

三、活动体验，学会微笑

1. 描画微笑。

师：在同学们的心中，怎样的笑最美，最让你心情愉悦？想一想，你觉得班上谁笑起来最美？他笑起来是什么样呢？请你用上水彩笔和圆形卡纸为他设计一个微笑表情包吧！你也可以参照老师的范例。

师：请小组长找出盒子里的圆形卡纸，分发给同学们。

（学生活动，教师拍照记录。）

师：谁来分享分享？

生：我画的是杨旸，她在玩耍的时候，看到同学过来了，她就热情打招呼，笑得很开心。

生：我画的是思涵，我跟她在聊天的时候，她笑起来非常好看。

生：我画的是我兴趣班的同学，他笑起来时睁着一只眼，闭着一只眼，比个"耶",笑起来很可爱。

生：我画的是小航，我跟他一起玩的时候，他笑得特别开心。

生：我画的是小楚，她得到老师的奖励时，笑得很开心。

生：我画的是小敏，每次拍照时，她都会露出灿烂的笑容。

生：我画的是小娜，她跳舞的时候，眼睛里都含着笑意。

师：孩子们说得很好。生活中，爱笑的孩子总是带给人阳光般的温暖，让人觉得他最美丽。

2. 欣赏微笑。

师：接下来，我们来玩一个"找相同，道不同"的游戏。请你仔细欣赏视频，想一想他们有什么相同之处和不同之处。（播放视频《他们有什么相同之处和不同之处》）

生：我发现他们的相同之处是都在微笑。

生：不同之处是他们的国家不同。

生：他们的职业不一样。

生：他们的年龄不一样。

师：对，微笑不分年龄，不分国界。俗话说得好："笑一笑，十年少。"无论在世界的哪一个角落，爱笑的人总会收获更多。

3. 练习微笑。

师：我们也一起来学习这样的微笑吧！在这里，老师要分享一个秘诀，练好这个方法，笑出自信更好看。请读一读这个字——

生：引——

师：是的，"引导"的"引"。通过"引"字练习法，能练出有感染力的微笑。请认真观看视频。（播放视频《"引"字微笑练习法》）

"引"字微笑练习法：

发"引"的音的时候，嘴裂开，八颗牙齿露出来。"引"字练习，让你的嘴会笑，再加上手势（手画微笑的半圆），手往上挑的时候，你的眉就会跟着往上扬，有个成语叫眉开眼笑，眼笑就代表心笑。

师：你看懂了哪些?

生：发"引"的音的时候，嘴必须裂开，露出八颗牙。

生：要加上手势，手往上挑的时候，眉就会跟着往上扬。

师：是的，要注意是用右手做手势，从左往右画一个大大的第三声。我们来试一试。"引"，1、2、3;"引"，1、2、3……

（学生练习。）

师：让我们对着镜子来练一练，请小组长分发小镜子，开始练习。

（学生自由练习。）

师：谁能上台来带着大家练一练?

生："引"，1、2、3;"引"，1、2、3……

（学生一起练习。）

师：孩子们，要练好有感染力的微笑，一节课还远远不够。我们可以每天回家之后再练习50遍以上，以21天为一个周期，让微笑成为一种习惯。

4. 坚持微笑。

活动："微笑不倒翁"。

师：高兴时我们会微笑，假如在生活中遇到问题，你还会微笑着面对吗?接下来让我们动手制作一个"微笑不倒翁"。请仔细听好如何制作：先打开彩蛋蛋壳，将螺帽用双面胶粘贴在蛋壳里面底部，盖上蛋壳，最后用水彩笔描画上自己喜爱的笑脸图案。请小组长分发彩蛋后开始制作。

（学生按要求活动，教师拍照记录。）

师：请完成的孩子将你的"微笑不倒翁"放到课桌上，现在你摇一摇，晃一晃它，你看到了什么?

生：它带着微笑一直不倒。

师：假如这个"微笑不倒翁"代表着我们的人生，你有怎样的思考?

生：微笑永远刻在我们心中。

生：我们去摇晃不倒翁，它会继续站起来，而且是面带微笑地站起来，这就象征着我们无论遇到什么困难和挫折，都要微笑着面对它们。

师：你们说得真好。老师也想要告诉你们，在生活中无论遇到什么事情，都请你——

生：笑对自我。（教师板书：笑对自我。）

师：我们来看一则公益广告，想一想接下来可能会发生什么事情。（播放视频《微笑的力量1》，学生观看。）

生：我发现这里面所有人都没有微笑。

生：我觉得接下来可能会发生一些矛盾。

师：还有其他可能吗？

生：还有可能他们微笑着化解了矛盾。

师：究竟是不是这样呢？请看——（播放视频《微笑的力量2》）

师：你认为是什么化解了这一场场"战争"？

生：是微笑化解了这一场场"战争"。

师：是的，是笑容改变冲突的结果，让事情变得好起来。微笑让人们更加友好地相处，让我们收获更多的快乐。

师：小小的一个微笑，却拥有神奇的力量。希望孩子们在生活中学会理解，笑对他人。（板书：笑对他人。）

【设计意图】学生通过欣赏微笑、描画微笑、练习微笑，为微笑面对生活做准备。通过活动体验、设置情境，引导学生在日常生活中，学会微笑面对困难、面对人生，感受微笑的魅力。

四、回顾总结，价值塑造

师：孩子们，通过今天的学习，你能用一句话说一说生活中微笑的好处吗？

生：微笑可以拉近人与人之间的距离，和谐人际间的关系。

生：微笑可以在自身愉悦的同时，让别人感到快乐。

生：微笑可以让人拥有好心情。

生：微笑可以让我们变得更乐观。

生：微笑可以让我们交到更多的好朋友。

生：微笑可以在我们遇到困难时，勇敢面对。

生：微笑可以鼓励自我，增加自信。

生：微笑可以化解矛盾。

生：微笑可以传递文明与友好。

生：微笑可以让人变得更有吸引力，更有亲和力。

生：微笑可以让人充满活力。

生：微笑可以消除不良情绪。

生：微笑可以让世界更美好。

生：微笑可以改变生活。

生：微笑可以让一个人的一生更加美好且快乐。

师：孩子们说得特别好！一首《你笑起来真好看》送给大家。

（学生一起表演课桌舞《你笑起来真好看》。）

师：习爷爷说，国家富强，民族复兴，人民幸福，最终要体现在千千万万个家庭都幸福美满上。孩子们，让微笑永远挂在我们的脸上。微笑温暖又舒心，无声而有力。从今天起，每天出门前，对着镜子里的自己微笑。放学回家后，再问问自己："今天，我微笑了吗？"因为——微笑是世间最美的语言。

【设计意图】总结提炼，提出核心观点：微笑是世间最美的语言。

第7节　外号，送欢喜不送伤害

宁乡市南雅蓝月谷学校　袁愿

【班会背景】

外号，指除人的本名之外，别人根据他的某些特征另起的别名。外号分为两种：第一种是恶意的外号，给对方的是侮辱、嘲讽、贬低，具有伤害性；第二种是善意的外号，给对方的是亲密、欣赏、肯定，具有激励性。起外号是学生生活中普遍存在的问题，在班级调查中发现，大约有75%的同学被别人取过外号。本节课的目的，是引导学生认识到恶意外号给他人带来伤害，善意外号给他人带来欢喜。在与人相处过程中，我们应该送欢喜而不是送伤害。

适用年级：小学四年级。

【班会目标】

1. 认知提升：知晓外号的概念，知晓外号的分类，知晓恶意外号是对他人的一种伤害，善意外号是对他人的一种肯定。

2. 价值塑造：外号，应该送欢喜不送伤害。

3. 外化于行：在与人相处过程中，多送善意的外号给别人，不送恶意的外号。

【班会准备】

1. 资源：音频《外号带来的烦恼》，视频《女神李兰娟》。

2. 思路：对外号进行分类，引导学生认识不同的外号给人造成不同的感受，对学生进行"外号，送欢喜不送伤害"的价值塑造，从建设的角度解决同学之间互相取外号的问题。

一、取外号，表达的是感情

师：在我们的生活中，对于有些动物或者物件，除了本名以外，还会因为人表达感情的需要，给它们另外取一个外号。

老师想考考大家，下面这些动物，你知道它们的外号吗？

（出示熊猫的图片。）

师：它的本名叫什么？

生：熊猫。

师：它的外号知道吗？

生：国宝。

师：为什么叫它国宝呢？

生：因为它非常稀有，特别珍贵。

师：我们在叫它国宝的时候，带着什么样的感情？

生：喜欢，宠溺。

生：它的样子憨态可掬，总是让人特别喜欢。

（出示蟾蜍的图片。）

师：它的本名叫什么？

生：蟾蜍。

师：它的外号知道吗？

生：癞蛤蟆。

师：为什么叫它癞蛤蟆呢？

生：因为它长得比较丑。

师：我们在叫它癞蛤蟆的时候，带着什么样的感情？

生：厌恶的感情，有一句话是这么说的：癞蛤蟆想吃天鹅肉。

（出示方便面的图片。）

师：它的本名叫什么？

生：方便面。

师：它的外号知道吗？

生：垃圾食品。

师：为什么叫它垃圾食品呢？

生：因为它是不太健康的食品。

师：我们在叫它垃圾食品的时候，带着什么样的感情？

生：带着鄙视的感情。

师：说得很对，除了动物或者物件以外，人也有外号。下面这些人，看大家能否说出他们的外号来。

（出示李白的图片。）

师：他是谁？

生：李白。

师：知道他的外号吗？

生：诗仙。

师：我们在叫他诗仙的时候，带着什么感情？

生：敬佩、崇敬的感情。

（依次出示杜甫、孙思邈、袁隆平的图片。询问学生这些人物的本名，以及他们的外号：杜甫，人送外号"诗圣"；孙思邈，人送外号"药王"；袁隆平，人送外号"中国杂交水稻之父"。然后询问学生我们在称呼这些外号的时候，带着什么样的感情。）

师：外号，是指根据人的特征、特点或体型给他另起的非正式名字，大都含有亲昵、开个玩笑、憎恶或嘲弄的意味。

外号的分类：

1. 恶意的外号。

表达厌恶、鄙视、不屑等负面情感，对对方有伤害且对方不愿意接受的正式名字之外的称谓。

2. 善意的外号。

表达喜欢、亲密、敬仰等积极情感，对方喜欢且能愉悦接受的正式名字之外的称谓。

【设计意图】通过说出动物、物件、人的外号，引出外号的概念和分类，让学生理解取外号表达的是感情。

二、恶意外号给人伤害

师：有一个叫晓敏的同学，近来她特别痛苦，因为同学给她取了一个外号，我们来看看是什么情况。（播放音频《外号带来的烦恼》）

我叫晓敏，今年11岁，平时我不爱说话，今天我却要和你说说我的烦恼。每当我想起这件事，就感到痛苦不堪，甚至有些怕到学校。由于我长得很胖，同学们就给我取了个外号，叫"大胖子"。

有一次，在美术课上，老师在画板上画了一个胖胖的小女孩，全班同学哄堂大笑，边笑边偷偷地看我，我的脸顿时通红，难过极了。下课后，同学们看着我，指着画板大叫："大胖子！大胖子！"我又生气又伤心，哭着冲出教室。

我每次听到同学叫我这个外号，总躲在无人的角落偷偷地哭泣："天啊！为什么要给我取这个令我痛苦的外号啊！"

师：晓敏的同学给她取了什么外号？

生：大胖子。

师：晓敏喜欢别人叫她这个外号吗？

生：不喜欢。

师：晓敏在听到别人叫她的外号时，她是什么感受？在这封来信里面，她用了什么词来表示？

生：痛苦不堪，难过，又生气又伤心。

师：你找得很准确。由此可见，给别人取恶意的外号，会给别人带来伤害。同时，老师还想提醒大家，取笑别人的外号也会给别人带来伤害。面对他人的伤害，晓敏该怎么办呢？我们来看看她的第一种处理方法。（请两名同学上台朗读）

同学边笑边指着晓敏说：大胖子！大胖子！

晓敏激动地对同学说：你说谁是大胖子？你才是大胖子！

同学：明明就是你很胖，还说我，你就是个大胖子！

晓敏：你太过分了！闭上你的嘴巴！你才是世界上最胖的大胖子！

同学气急败坏地说：你凭什么说我！大胖子就是你！

（两人你推我，我推你……）

师：这种方法能有效解决问题吗？

生：不能，反而使矛盾升级了。

师：因此，这种方法不可取，我们再来看看晓敏的另一种方法。（请两名同学上台朗读）

同学边笑边指着晓敏说：大胖子！大胖子！

晓敏冷静地对同学说：你知道吗，我不喜欢这个外号，你这么叫我，让我很伤心，让我受到了伤害。

同学：对不起，我只是想和你开个玩笑，我不知道这样让你很伤心。

晓敏：我希望你以后不要再这样叫我了，就叫我的名字，可以吗？

同学诚恳地向晓敏道歉：真的很抱歉，我以后不会这样叫你了，你能原谅我之前的行为吗？

晓敏：可以。（握手言和）

师：晓敏是怎么应对别人的恶意外号的？

生：在听到别人送的恶意外号时，晓敏并没有采用过激的方法，而是说出自己的感受——我受到了伤害，接着提出希望——我希望你能够……

师：你总结得很到位，就是分两步：第一步，我听你这么叫我，我很伤心，我受到了伤害；第二步，我希望你怎么做。这种方法，大家学会了吗？

生：学会了。

师：你曾经受到过恶意外号的伤害吗？你当时的感受是怎么样的？

生：我的头发比较少，有同学叫我三毛，我很伤心。

师：是哪一位同学这么叫你的？

生：是××同学。

师：来，运用我们刚才学到的方法，当场解决。

（两个学生走上讲台当面解决问题。）

师：还有谁来分享一下自己被伤害的经历？

生：我上次数学考试不及格，有同学叫我笨蛋，我很难过。

师：来，运用我们刚才学到的方法，当场解决。

（两个学生走上讲台当面解决问题。）

师：总结一下，你们发现恶意的外号有什么样的特征？

生：嘲笑、攻击、贬低、否定对方。

小结：恶意的外号，是对他人的一种伤害。

【设计意图】通过案例分析，提升学生认知：恶意外号具有嘲笑、攻击、贬低、否定对方的特征，会伤害别人，取笑别人的外号也会伤害人。

三、善意外号让人欢喜

师：老师读小学五年级的时候，有一个小伙伴，他的本名叫小明。他的妈妈，也是当时我们的语文老师，送给他一个外号，叫"肯登攀"。知道为什么送这样一个外号给他吗？因为当时有一句名言，叫"世上无难事，只要肯登攀"。当时小明同学的成绩，一直是班上的第一名，我们特别羡慕他有这样一个外号，也特别佩服他。"肯登攀"这个外号，就在同学中流传开来。你们觉得这个外号好不好听？

生：好听。

师：这个外号表达了一种什么感情？

生：羡慕、佩服、喜欢等感情。

师：你说得很准确。在现实生活中，我们对一些人喜欢、欣赏、羡慕、佩服，单纯叫他们的本名不足以表达这种感情，于是，就给他们取了一个外号。比如说，这位，你们知道她的本名吗？

生：全红婵。

师：知道她的外号吗？

生："小满分"。

师：在参加跳水比赛的时候，全红婵动作规范优美，跳入水中的时候，水花还没有趵突泉的水花大，很多裁判都给她打了满分，她赢得了奥运金牌。全国人民都太喜欢她了，这种喜欢怎么表达？直接叫她的名字根本就表达不出来，于是，大家就给她取了一个外号"小满分"。

师：认识这个人吗？

生：谷爱凌。

师：知道她的外号吗？

生：不知道。

师：她小时候滑雪时戴的是绿色头盔，上面有个小皇冠，还有粉色的发夹，像个小青蛙，实在太可爱了，因此人送外号"青蛙公主"。我们在叫她"青蛙公主"的时候，带着什么样的心情？

生：喜欢。

师：谷爱凌自己也喜欢这个外号。再看一个。

生：苏翊鸣。

师：知道他的外号吗？

生：不知道。

师：老师知道，人送外号"小苏神"。小，是说他年纪小；苏，是他的姓；神，是说他的单板滑雪动作，有神采，有神韵，全国人民都很喜欢他。与之相对应，中国男子短跑名将苏炳添，被人称为"大苏神"。

第 2 章　培养公众意识：学会交往　◎　125

师：认识这个人吗？

生：李兰娟院士。

师：来，我们一起来看看普通民众怎么称呼她。（播放视频《女神李兰娟》）

师：普通民众叫她什么？

生：女神。

师：女神一般指年轻漂亮的女性，但是李兰娟院士已经70多岁了，那些机场的民众为什么那么狂热地叫她女神？

生：李兰娟院士为中国抗疫做出了杰出贡献，全国人民都太喜欢她了，叫她女神就能很好表达敬佩、喜爱、尊敬的感情。

师：总结一下，你们发现善意的外号有什么样的特征？

生：喜欢，佩服，肯定对方。

师：有人给你送过善意的外号吗？给你的感受怎么样？

生：我解决问题的办法比较多，之前，××同学叫我"智多星"。

师：你喜欢这个外号吗？

生：特别喜欢。

生：我计算比较快，上次数学老师叫我"神算子"。

师：你很满意这个外号，对吗？

生：是的，这是对我计算能力的一种肯定。

……

小结：我们都乐于接受别人善意的外号，因为这种外号让人欢喜。

【设计理念】通过对"肯攀登""小满分""青蛙公主"等善意外号的分析，总结出善意外号的特征：喜欢，佩服，肯定对方。善意的外号让人欢喜。

四、外号，要送欢喜

师：咱们班的哪位同学，你很喜欢、欣赏、佩服他？你能送一个善意外号给他吗？

可以参考小伙伴的特点、性格、特长等，例如，很爱看书的同学，我们可以叫他"小书虫"，而爱打篮球的同学，可以叫他"灌篮高手"……

（学生讨论，每个小组派一个代表汇报。）

师：善意的外号会给人带来快乐、温暖甚至满满的正能量。在今后的学习生活中，老师期待我们班的每一个同学都坚持这样一个原则，那就是：外号，我们送欢喜不送伤害。

【设计意图】通过送欢喜活动，对学生进行价值塑造——外号，送欢喜不送伤害。引导学生将道德认知外化于行。

第8节　学会讲礼貌讲文明

宁乡市金海小学　陈凤

【班会背景】

作为老师，走进一个校园，遇到主动问"老师好"的学生，我都会觉得这个孩子是一个可爱的孩子，还会产生联想：这个孩子所在的班级一定是一个优秀的班级，因为班主任教出了讲礼貌的孩子；这个孩子的父母一定是优秀的父母，因为他们教育出了一个懂礼貌的孩子。也许这种认识有点偏激，但这种认识就这样固执地印在我的心里。因此，担任班主任后，我非常注重对孩子进行文明礼仪教育。本节课的目的，是提醒孩子们做一名有礼貌的小学生，并不只是在学校里讲礼貌讲文明，无论走到哪里，都要讲礼貌讲文明，见到长辈主动问好、见到伙伴热情打招呼、不说脏话、使用文明用语，养成良好的行为习惯，做彬彬有礼的人。

适用年级：小学四年级。

【班会目标】

1. 认知提升：知晓讲礼貌，就是向别人请教时，主动问好、语言文明；讲文明，就是与同学交往时，宽以待人，友好交往。

2. 价值塑造：讲礼貌讲文明的孩子最可爱。

3. 外化于行：见到长辈主动问好、见到伙伴热情打招呼、不说脏话、使用文明用语。

【班会准备】

1. 资源：视频《孔雀问路》《地上的垃圾纠纷》《不小心碰倒别人的东西》《玩具纠纷》，歌曲《咱们从小讲礼貌》。

2. 思路：采用"描述现象"的方法，解读什么是礼貌，什么是文明，解读得有些片面，不准确，不完整，但符合小学生的认知特点，他们能够听懂，能够理解。

一、向别人请教的礼貌

导入：我们在《比尾巴》的故事里知道，孔雀的尾巴最好看，老师今天又带来孔雀的另一个故事。有一天它要去公园玩，不小心迷路了，于是就有了《孔雀问路》的故事。（播放视频《孔雀问路》）

有一天早上，孔雀出去玩，它走啊走啊！忽然迷路了，正当它万分焦急时，看见对面有头老水牛正在吃草。它便昂首挺胸地走到水牛旁边，展开它那美丽的尾巴，然后问："喂，到附近的公园怎么走？"老水牛没有理它，孔雀以为它听不见，又问了一句："喂，到附近的公园怎么走？"老水牛呀，还是不看它一眼。它接着又大声问道："喂，到附近的公园怎么走？喂，听见没有？我在问你呢！"这时，老水牛转过身来，瞟了它一眼，没吭声，又转过身吃草去了。它看见水牛不理它，就甩着尾巴走了。它走着走着，来到一棵大树旁，看见绵羊和一只狗在树底下玩。它又甩甩尾巴走过去问："喂，问你们两个，到附近公园怎么走？"绵羊和狗也不理它。孔雀以为它们玩得太开心，听不见，又大声问："喂，到附近公园怎么走？"它们俩连看都没看它一眼，继续在那儿玩。孔雀只好走啦，它走着走着，在一个池塘边看见一只大象在吃草，这时，从远处走来一只猫。猫走到大象身边问："大象爷爷好，请问到附近的公园怎么走？"大象转过头来，微笑着说："啊，小猫真懂礼貌啊，就顺着这条路走到尽头，再向左拐就是了。"小猫向大象说了声"谢谢"，便走了。孔雀在旁边想，为什么这只小猫一问，它就回答？我也去问问看。它走到大象面前问："喂，到附近的公园怎么走？"大象不理它，于是它便大声地说："为什么你肯告诉小猫，却不肯告诉我呢？"

师：看了这个视频，你有什么感受？

生：孔雀没有礼貌。

生：大象愿意告诉小猫，是因为它有礼貌。

师：小朋友，有好建议给孔雀吗？

生：问路时要先主动问好，比如小猫说"大象爷爷好"，而孔雀则使用是"喂"，这样就很不礼貌。

师：还有吗？

生：和别人讲话时，要使用礼貌用语，如果是问问题，就要说"请问"，问完以后还要致谢。

师：现在，你们知道怎么礼貌地去问路了吗？

生：我知道，先要主动问好。比如说"哥哥好""姐姐好""叔叔好""阿姨好""爷爷好""奶奶好"。

生：语言要文明，使用"请问""谢谢"。

师：是的，如果我们都像小孔雀那样不讲礼貌，肯定不受欢迎。什么是礼貌？礼貌就是在向别人请教的时候"主动问好，语言文明"。

【设计意图】通过故事，让孩子们知道在生活中礼貌的重要性，在向别人请教的时候，要先主动问好，使用"请问""谢谢"等文明用语。

二、与同学交往的文明

师：班级大调查：你有没有因为在学校一些不礼貌、不文明的行为而和他人发生过矛盾呢？

生：不经允许就借用了别人的文具。

生：不小心踩到别人，和同学发生争吵。

生：我和同学都想借图书架上那一本故事书，互不相让而吵架。

生：我的铅笔不见了，同学有一支一样的，因此吵到老师那里。

师：说得很好。在生活中，我们经常会遇到一些纠纷。（播放视频《地上的垃圾纠纷》）

小男孩把自己座位下的一张纸踢到小女孩这边，小女孩发现了，马上说："这是你的纸。"小男孩说："这是你的纸，就你捡。"小女孩说："反正就是你捡。"小男孩说："你捡，你捡。"小女孩说："凭什么让我捡？就是你的，就是你捡。"小男孩说："我没有这种颜色的纸。"躺在地下的纸，该怎么办呢？

师：在教室里，你遇到过躺在地下没人捡的纸吗？

生：遇到过。

师：假如你是小小调解员，你想对他们说点什么？

生：不管是谁的纸，先捡起来。

生：教室卫生，人人有责。

师：如果你碰到这样的事怎么办？

生：假如我知道是谁故意丢的，我会提醒他捡起来。

生：假如不知道是谁的垃圾，我会先捡起来。

师：孩子们，我们都是班级的小主人，像这样不知道是谁的纸而引起的矛盾应该还有许多，当我们遇到问题时，不要着急生气和告状，先试着有礼貌地沟通，就算对方有一些小失误，也应该宽容他，这叫作宽以待人。什么是文明？文明就是在与同学交往时，宽以待人，不斤斤计较。

师：我们生活在一个大集体里，难免会有误会而引起的矛盾。（播放视频《不小心碰倒别人的东西》）

一个小男孩，从教室过道经过，不小心将一个小女孩座位上的书碰倒在地。小女孩转过身大声说："把我的书捡起来。"小男孩说："不捡不捡就不捡。"

师：你想对小男孩说点什么？

生：不小心碰倒了别人的书不要紧，捡起来就可以了。

生：你应该弯下腰来捡起书，并且道歉。

生：你的举动，很不文明。

师：如果你不小心碰倒了别人的东西，该怎么办？

生：我会将东西还原。

生：我会走过去道歉。

师：你们都是文明的好孩子。什么是文明？文明就是在与同学交往时，友好交往，主动承担责任。

师：孩子们，你们知道老师平时调解得最多的问题是什么吗？（生摇头）

师：玩具纠纷。（播放视频《玩具纠纷》）

男孩1在玩一个玩具，男孩2说："这个玩具是我的。"男孩1说："这是我拿东西和别人换的。"男孩1说："本来就是我的，还我。"然后开始抢玩具。男孩2说："不还。"

师：接下来可能会发生什么？

生：可能打架。

生：可能会闹到老师那里去。

师：视频中的小朋友，在交往中发生了什么矛盾？

生：换玩具而争吵。

生：把第三人喊过来，先问清楚情况。

师：懂礼貌的你，会怎么做？

生：不能动手，有事情先好好沟通。

师：调解员们真了不起，相信你们以后遇到这种事情都会处理好，我们要待人宽容，同学间要友好交往，在学校会收获更多好朋友。文明是什么？文明就是在同学交往时，宽以待人，友好交往。

【设计意图】通过播放三个在班级经常发生的矛盾事例，让同学们担当小小调解员，懂得和谐校园，必须文明交往。

三、做一个懂礼貌讲文明的孩子

在生活中，遇到这些事情，你会怎么做呢？

1. 在校园里遇到了陌生的成年人，向你迎面而来……

2. 不小心碰掉同学的学习用品……

3. 去别的班级借拖把……

4. 误会他人拿了自己的玩具，结果是自己掉了……

演一演：全班分成四个小组进行排练，每个小组推选两名同学出来表演。

展示1：

微笑着朝他们挥挥手并主动问好："老师好！""阿姨好！""叔叔好！"……

展示2：

捡起掉下来的学习用品，还原，然后说："同学，对不起，我不小心把你的文具弄掉了……"

展示3：

热情挥手，走到跟前说："同学好，我们在进行卫生打扫，拖把不够用了，可以借你们班的拖把用一下吗？"

展示4：

很抱歉地说："同学，对不起，我弄错了，误会你了，请你原谅。"

师：小朋友们，你们的表现都很有礼貌，也很文明。经过今天的学习，我们已经知道了：讲礼貌，就是向别人请教时，主动问好、语言文明；讲文明，就是与同学交往时，宽以待人，友好交往。讲礼貌讲文明的孩子最可爱，我们不只是在学校里讲礼貌讲文明，无论走到哪里，都要讲礼貌讲文明，比如，见到长辈主动问好、见到伙伴热情打招呼、不说脏话、使用文明用语等。老师希望我们班的每一个同学，都养成良好的行为习惯，做彬彬有礼的好孩子。最后，我们一起来表演课桌舞《咱们从小讲礼貌》。

【设计意图】通过演练生活中的场景，加深小朋友对礼貌、文明的理解。

第9节　学会合作

宁乡市玉潭街道中心小学　陶利红

【班会背景】

现在的孩子，享受长辈的过分保护、娇宠溺爱，很多孩子力所能及的事情，家长都一一代劳。家长处处以孩子为中心，使班上一些学生养成了"以自我为中心"的心理，具体表现为：在与同学相处过程中，不懂得为别人着想，不懂得与他人合作，做事情我行我素，互不相让，甚至发生争吵。为了提高班级凝聚力，培养学生相互理解、相互帮助的班级意识，特设计这一节班会课。

适用年级：小学四年级。

【班会目标】

1. 认知提升：知晓什么是合作，成功的合作，就是团队内部分工明确、各负其责、相互体谅、相互鼓励，每个人都尽量把自己分内的事情做好。

2. 价值塑造：合作带来成功，合作创造奇迹。

3. 外化于行：在班集体中相互配合，共同把班级事务做好。

【班会准备】

1. 资源：视频《神州十五升天精彩瞬间》《为什么合作不下去》，音频《众人划桨开大船》，小火车涂色图片，彩笔，叠高塔卡片。

2. 思路：以游戏引出合作的含义，通过小组合作交流、讨论、玩游戏等，让学生感受合作的好处，了解合作的方法和技巧、应遵守的原则，并认识到合作带来成功、合作创造奇迹。

一、破冰游戏，引出合作

师：孩子们，今天咱们一起来上一节班会课，紧张吗？先来玩个游戏放松放松好不好？游戏的名字叫作"大风吹"。老师就是风向标，当我说"大风吹"，你们就大声回应我"吹什么"。如果我说"吹倒了男孩子"，那男孩子就马上趴在桌子上。下一轮口令开始，你们又马上坐直。比比谁的反应最快！明白了吗？

（课件播放音乐，师生合作玩游戏。）

师：大风吹！

生：吹什么？

师：吹倒了扎头发的女孩子！

师：大风吹！

生：吹什么？

师：吹倒了戴眼镜的孩子！

师：大风吹！

生：吹什么？

师：吹倒了爱学习的好孩子！

……

师：孩子们，好玩吗？刚刚老师和同学们一起互相配合共同玩游戏，这其实是一种合作。什么是合作？一起来看看。（课件出示什么是合作）请一个孩子来给大家读一读。

生：合作，就是个人与个人、群体与群体之间为达到共同目的，彼此相互配合的一种联合行动、方式。

师：个人的力量有限，有些事只有与人合作才能更好地完成，有些困难只有合作才能解决。今天，我们就来学习合作。（板书：学会合作。）

【设计意图】通过破冰游戏，引出合作的概念，了解合作的含义，引出课题。

二、联系生活，感受合作

1. 数一数。

师：再来玩个小游戏考考大家。游戏活动叫"数一数"。请看要求：请在30秒内记下图片上每种蔬果的个数。挑战开始！

师：时间到！孩子们数完了吗？（学生都没有数完）怎么快速数完呢？你们想到了什么好主意？

生：我们四人合作，每人负责数一种。

师：聪明的孩子！咱们来试试。每个组先分好工。

师：挑战开始！完成的小组请马上举手示意。请一个小组公布答案。

师：（课件出示正确答案）你们的合作很成功。瞧，合作能让我们快速完成规定任务。

2. 说一说。

师：在我们的生活、学习中，还有什么事情也是合作完成的呢？比如游戏中的、运动中的、学习上的、劳动中的等。请大家先在小组内说一说，再推选一人来汇报。

（小组讨论，指名汇报。）

生：我们组说的是运动中的接力赛，我们四个选手每人跑一段，把接力棒传给下一个选手，最后一棒的同学冲刺，我们在接力赛中获得了第一名。

师：真好！运动中的合作为班级争得荣誉。

生：我们组说的是大扫除，我们有的扫地，有的拖地，有的抹玻璃，还有的搬桌子、倒垃圾，一会儿就把教室打扫干净了。

师：这是劳动中的合作。

生：我们组说的学习中的和游戏中的合作。学习上遇到难题想不明白时，我和同桌就会讨论讨论，难题就解决了。玩"老鹰抓小鸡"的游戏时，我们一人当老鹰，一人当鸡妈妈，其余同学当小鸡，老鹰来抓小鸡，鸡妈妈就负责保护小鸡。

师：玩游戏开不开心？

生：我们玩得很开心。

师：合作能解决难题，让学习更轻松。合作游戏让我们收获快乐。

……

师：同学们说了很多种合作，是的，劳动中的合作省时又省力，游戏中的合作收获快乐，运动中的合作赢得荣誉，学习中的合作轻松又高效。生活中处处有合作，合作真美好。瞧，这也是合作（出示图片）：众人划桨开大船，交响乐团忙演奏，医护合作救病人。还有——（播放视频《神州十五升空精彩瞬间》）

师：刚刚我们看到的是2022年11月29日，神州十五号载人飞船发射的精彩瞬间。神州十五号的成功发射，创造了我国航天史上新的奇迹。你觉得这奇迹的背后有哪些人的付出？

生：有宇航员。

生：有研究、设计、建造宇宙飞船的科学家。

生：还有许多指挥人员、工作人员。

师：是的，这是无数航天人精诚合作创造的奇迹！这就是合作的力量，它能带来巨大成功甚至创造奇迹。（课件出示：合作带来成功，合作创造奇迹。）

【设计意图】通过玩游戏和讨论交流生活中的合作事例，感受生活和学习中合作无处不在，明白合作的重要性。通过观看视频，感受合作的巨大力量。

三、活动体验，学习合作

1. 涂一涂。

师：合作如此重要，那么我们怎么与人合作呢？我们来体验一下。

活动叫涂一涂。请看要求：（课件出示）两人合作，在规定时间内给小火车涂上颜色。时间：2分30秒。

（同桌合作给小火车涂色。）

师：请完成了的同桌上台展示你们合作的成果。

师：（采访一对同桌）刚刚你们是怎么合作的？来分享一下。

生：我们先讨论哪些地方涂什么颜色，再分配好我负责涂哪里、她负责涂哪里，再两个人同时涂色。

生：我们为了节约时间，还想了一个好办法：涂线条。有些地方直接省掉不涂色。

师：（小结）你们真会合作，为你们点赞！看来，与人合作，首先要讨论商量好完成任务的方法，也就是要进行良好沟通。然后要明确每个人要完成的任务，也就是分好工。再一起齐心协力完成任务。这是合作的技巧。（板书：良好沟通，合理分工。）

2. 辨一辨。

师：刚刚你们的合作是成功的。可是，这样的合作为什么进行不下去呢？请看故事。（播放视频《为什么合作不下去》）

师：他们为什么演不下去了？

生：因为他们合作时争吵，不懂得礼让，都只想着自己，不配合。

师：我会把孙悟空这个角色让给小明，他想演就让他演吧，我演哪个角色无所谓。

师：你想只要把戏演好就行了是吗？你是个懂得礼让，以大局为重的孩子。

师：假如你是小丽，分配到了不喜欢的角色，该怎么办？

生：我会接受这个任务，尽力把猪八戒演好。这只是一个角色扮演，没人会笑话我的。

师：（小结）是的，合作时，我们每个人要尽力做好自己的事，做到各尽其责。我们要以大局为重，互相配合，遇到困难不互相抱怨指责，要积极想办法解决。这是合作的关键。（板书：互相配合，尽力尽责。）

师：这样的合作可以吗？为什么？

（课件出示图片）有同学考试或者写作业时不会做，叫你给他抄袭或者替写，并答应付好处费，你能与他合作吗？

生：我不会与他合作，因为作业必须自己写，考试更不能去抄别人的，这是舞弊。

（课件出示图片）你的一位朋友被别人欺负，想让你与其他几位同学一起去报复，你能答应他吗？

生：我不会与他合作，因为这是犯错误的事，不能跟人一起去打架。

师：刚刚说的这两种情况叫合作吗？

生：这不是真正的合作，合作不能违反纪律。

师：是的，合作时必须坚守原则，遵纪守法。（板书：坚守原则。）

【设计意图】通过同桌合作活动和事例辨析，明白合作时不仅要讲究方法和技巧，还要有大局意识，团结协作，更要坚守原则、遵纪守法。

四、卡纸叠高，快乐合作

师：下面我们再来一次快乐合作怎么样？希望大家合作时能够做到良好沟通、合理分工、尽心尽责、互相配合、遵纪守法。合作的任务是什么？请看屏幕——（课件出示要求）

小组合作，不使用任何辅助材料，以折、叠、弯、插等形式用卡片搭建高塔，时间5分钟，搭得最高的小组获胜。

师：请组长组织组员先讨论叠建的方法，再合理分工，共同完成作品，保证人人参与。在规定时间内叠得最高的小组获胜。

（学生合作搭高塔，师拍下精彩瞬间，并将照片上传到课件。）

师：时间到！现在我宣布搭得最高的、获胜的是这个小组！掌声送给优秀小组！请获胜小组分享合作经验。

生：我们组首先商量两个人负责折卡纸，两个人负责搭建高塔。然后在搭建的过程中，我们很小心，折纸的同学离得远远的，注意不碰到搭建的桌子。

师：哇，你们真会合作！谢谢你们的分享，再次祝贺你们！

师：其实刚刚每个小组都合作得非常愉快，我们来欣赏这些精彩瞬间！（投屏展示精彩瞬间和合作成果）瞧，一个个全神贯注，有的折、有的搭，配合多默契。你们都是合作小达人！掌声送给我们自己！

（最后请小组合作10秒内快速收拾桌面。）

【设计意图】通过小组合作活动，让学生学习与人合作，体验合作的快乐。

五、回顾总结，提炼观点

师：孩子们这节课开心吗？我们体验了合作，收获了快乐与成功。这节课老师和你们合作得也非常愉快，谢谢大家。俗话说：单丝不成线，独木不成林。我们在学习与生活中要善于与人合作，才能共同进步。合作是生活中一件很重要的事，合作带来成功，合作创造奇迹，让我们学会合作，收获成长和成功。（播放音频《众人划桨开大船》）

【设计意图】总结提炼，提出核心观点：合作带来成功，合作创造奇迹。

第10节　珍贵的1分钟

长沙市芙蓉区马坡岭小学　王悦媛

【班会背景】

针对部分学生平时迟到、做事缓慢、作业拖拉等不良现象，设计主题班会《珍贵的1分钟》，目的是通过班会，让学生去进行体验和感受，使学生获得1分钟可以做出许多有价值的事情的认知，增强时间观念，克服拖拖拉拉的坏习惯，提高学习效率。

适用年级：小学四年级。

【班会目标】

1. 认知提升：知晓和理解生命是由每一分每一秒组成的，时间就是我们的生命，只要日积月累，我们就可以做很多意想不到的事情。

2. 价值塑造：时间是由分秒积成的，善于利用零星时间的人，才会做出更大的成绩来。

3. 外化于行：珍惜日常生活中的每一分每一秒，提高学习效率。

【班会准备】

1. 资源：视频《1分钟》《1分钟能做什么》。

2. 思路：先用一个故事导入，引导学生理解时间就是生命，然后通体验游戏和挑战活动，让学生理解1分钟可以做很多事情，将日常生活中的每一分每一秒累积起来，可以做成很多意想不到的事情，最后以1分钟做好课前准备结束，将珍惜1分钟落实到具体行动中，并将此作为培养学生珍惜时间习惯的一个切入点。

一、故事导入

师：同学们，今天这一节课，老师给大家带来了一份礼物——一个有趣的故事，来听听吧！

有一只飞虫，整天浑浑噩噩，虚度时光。别人就劝它，珍惜时间吧，否则等你失去的时候，你就后悔莫及了。飞虫觉得奇怪，什么是时间，它怎么没听说过？别人也不知道该怎么给它解释，就对它说：你看见那个钟表了吗？那里面走动的就是时间。飞虫还是不明白什么是时间，就想飞进钟表里看个究竟。它来到钟表前面，上下仔细地寻觅了一番，终于发现了一个窟窿，于是就飞了进去。飞虫在钟表里飞来飞去，只听到"滴答滴答滴答"的声音，看到几根指针在走动。飞虫就想，这就是时间吗？它本来就不属于我，浪费再多又怎么样呢？飞虫准备离开钟表，却发现原来的那个窟窿被人用一块塑料板给堵住了。飞虫大喊大叫，四处乱撞，却也没有引起人们的注意。它只好呆在钟表里了，指针在"滴答滴答滴答"响着，飞虫的生命在流逝，它终于明白了，原来自己的生命就是由每一分每一秒组成的，时间就是自己的生命。

师：故事听完了，你从这个故事感受到了什么？

生：要珍惜时间。

生：时间很宝贵，时间就是我们的生命。

师：（小结）是的，孩子们，时间就是生命，今天就让我们一起来聊聊这个话题，走进珍贵的1分钟。（板书课题：珍贵的1分钟。）

【设计意图】通过小飞虫的故事，告诉学生生命就是由每一分每一秒的时间组成的，时间就是生命，为后面的珍惜1分钟打下基础。

二、1分钟有多长

游戏1：闭眼体验1分钟——1分钟有60秒。

1分钟在我们数学中有多久呀？（1分钟等于60秒）那么1分钟到底有多长呢？让我们一起来体验一下。

我们每个人的心里都有一个"小钟表"，接下来，我们要测试一下，看你们心里的这个"小钟表"到底准不准。请所有同学都闭上眼睛，当你觉得1分钟的时间到了的时候，你就把眼睛睁开，站起来，不说话，然后记住你站起来的准确时间是多少。我们比比看，哪位同学心里的1分钟最接近真实的1分钟。（播放视频《1分钟》）

（学生闭上眼睛体验1分钟有60秒，教室里不断有学生站起来。体验完了，老师采访学生。）

师：你是第一个站起来的，你站起来的时候，屏幕上显示是多少秒？

生：31秒。

师：你是怎么计时的？

生：我是听那个"滴答"声，响一声记一秒。

师：结果误差很大。来，下一位，你站起来的时候，屏幕上显示是多少秒？

生：45秒。

师：你是怎么计时的？

生：我在心里数数，1、2、3、4、5……数到60的时候睁开眼睛。

师：你还是数快了。老师测验过，要一次数4个数字，才恰好1秒钟，比如说，2001、2002、2003、2004……1分钟有多长，就是我们用正常的语速，从2001数到2060的时间。

游戏2：单脚站立1分钟——1分钟太长了。

师：1分钟就是60秒，这个时间是长还是短呢？我们再来做一个游戏，游戏的名字叫"单脚站立1分钟"。注意游戏规则：单脚站立、不换脚、不蹦跳、不发出声音。

师：1分钟到了，请同学们坐下，挑战成功的同学们，请说说你们的感受吧！

生：1分钟太久了。

生：好累，感觉马上要倒下了。

师：看来同学们都感受到了，1分钟很长很长。

游戏3：1分钟记数字——1分钟太短了。

师：1分钟就是60秒，接下来，我们再用1分钟来记数字，看看谁记得多。注意规则：不能用笔写，只能用眼睛看，用大脑记。

18　33　39　40　9　121　198　4　27　14
21　66　479　831　97　11　87　446　192

（学生看屏幕记数字。）

师：你记住了多少？你站起来复述一下数字。

生：18、33、39、40、9。

师：很不错，记住了5个，孩子们，在这1分钟里，你们有什么感受呢？

生：时间过得很快。

生：我才记了一遍，1分钟就到了，根本记不住。

师：唉，原来这1分钟也可以过得这么快呀！

【设计意图】通过游戏，具体化1分钟的时长，就是我们用正常语速从2001数到2060的时间。在不同的情境中，有时会觉得1分钟很长，有时会觉得1分钟很短，取决于我们当时在做什么。

三、1 分钟可以做些什么事

师：孩子们，在刚才的游戏体验当中，我们有时候感觉 1 分钟过得很快，有时候又感觉 1 分钟过得很慢。那这神奇的 1 分钟，可以做些什么呢？一起来看视频吧！（播放视频《1 分钟能做什么》）

1 分钟可以做什么？成年人可以跳绳 120 下，可以跑 400 米，可以速读约 500 字的文章，铅笔厂可以生产 1600 支铅笔，复兴号可前行 5833 米……这 1 分钟也可以对你曾经伤害过的人，真诚地说一声"对不起"，对爱你的家人和朋友说一声"我爱你们"，所以要珍惜每一个 1 分钟。

师：看完视频你有什么感觉？你的 1 分钟又能做些什么呢？
生：我 1 分钟可以吃 6 个饺子。
生：我 1 分钟可以跳绳 80 下。
生：1 分钟可以阅读一篇故事。
挑战 1：1 分钟记单词。
师：刚才同学们分享了这么多 1 分钟可以做的事情，感觉都很有意思。老师给大家准备了两个挑战，看我们 1 分钟内能做多少事情。第一个挑战——1 分钟记单词。老师这儿有 6 个单词，请你在 1 分钟内记一记，看看能熟练记住几个。

（学生看屏幕记单词 1 分钟。）

师：记住了 5 个单词的同学请举手，6 个单词都记住的同学请举手。不管你们记住了 3 个、5 个还是 6 个，老师觉得你这 1 分钟没有浪费掉就很厉害。孩子们，今天我们花 1 分钟记住了 5 个单词，明天记住了 5 个，后天记住了 5 个，10 天下来我们记住了多少个呀？
生：50 个。
师：原来每天用上短短的 1 分钟，积累下来有这么神奇的力量呀！
挑战 2：1 分钟口算题。
师：第二个挑战，1 分钟口算题。来，请大家看屏幕，将结果直接写在答题卡上。

$2\times2\times5=$	$14\times2=$	$120\times600=$	$83-45=$	$16\times5=$
$560\div80=$	$680+270=$	$27\times3=$	$96\div24=$	$280+270=$
$90\div15=$	$4\times2500=$	$48\div4=$	$40\times30=$	$37+26=$

师：时间到，请同桌之间交换答题卡校对答案，在答题卡的右上方写上计算正确的个数。

（老师采访学生。）

师：你做对了几个？

生：5个。

生：8个。

生：10个。

师：平均下来，我们班每个人1分钟可以做8道口算题。如果我们每天花1分钟做口算题，10天下来就是多少道？

生：（齐）80道。

师：100天呢？

生：（齐）800道。

师：每天1分钟，就是8道，10天就是80道，100天就是800道。只要日积月累，我们就可以做很多意想不到的事情。

【设计意图】通过观看视频和挑战，加深学生对1分钟可以做些什么的理解和认识，对学生进行价值塑造：只要日积月累，我们就可以做很多意想不到的事情。

四、珍惜生活中的每一个1分钟

小文和小丽是好朋友，每天早晨她们都相约一起上学，在一个路口汇合。小文的动作比较快，总是先到几分钟，这等人的几分钟，小文不想浪费，于是就拿出英语书来记单词。转眼到了期末，小文的英语居然考了满分。小丽很奇怪，没见你怎么记单词呀，怎么考试成绩那么好？小文微微一笑：我每天就是在等你来的那几分钟里，把单词记好了。小丽一听，很惭愧：我以后也要抓住碎片时间，提高时间的利用率，提高学习成绩。

师：小文为什么能考出好成绩？

生：她没有浪费时间。

师：在生活中，我们有时候也会像小丽一样，因为拖拉，浪费了时间。请同学们小组讨论两个问题：第一，生活中，我们有哪些因为拖拉而浪费时间的行为？第二，我们可以怎么改变？计时 5 分钟。

生：排路队的时候拖拉，等我们到功能室，已经上课很久了。以后排路队要更快一点，不浪费时间。

师：是的，你说得很有道理，如果我们能提高速度，快速做好，我们就做到了珍惜时间。（板书：提高速度，快速做好。）

生：早上起床，穿衣服太慢迟到了。我以后要把闹钟定早 5 分钟，就不怕自己拖拉了。

师：咦，这也是一个好办法，将时间提前，预留更多时间，这样就不用慌慌张张啦！（板书：提前行动，预留时间。）

生：我以前写作业喜欢东张西望，我决定以后要先把作业写完，之后再玩会更加开心。

师：咱们班还有很多像你一样的同学，写作业开小差浪费了时间，那以后我们可都要更加专注认真，提高写作业的效率。（板书：认真专注，提高效率。）

（根据学生的分享及时反馈，并利用总结出来的三点适时进行引导。）

师：刚才通过同学们的分享，我们一起总结出来帮助我们珍惜时间的三个锦囊：提高速度，快速做好；提前行动，预留时间；认真专注，提高效率。同学们，尽管 1 分钟只有 60 秒，但我们的生命就是由无数个 1 分钟组成的，如果我们珍惜每一个 1 分钟，学会积少成多，那许多个 1 分钟就能干出很多伟大的事情。让我们行动起来，利用三个锦囊去珍惜生活中的每一个 1 分钟！（板书：珍惜生活中的每一个 1 分钟。）

师：我国著名的数学家华罗庚说："时间是由分秒积成的，善于利用零星时间的人，才会做出更大的成绩来。"来，我们一起把这一句话齐读一遍。（学生齐读）

师：1 分钟可以做很多事情，将日常生活中的一分一秒累积起来，可以做成很多意想不到的事情。希望大家在今后的学习和生活中，做一个善于利用零星时间的人，不断提高学习效率，创造属于自己的成绩。

【设计意图】通过生活中的案例，引导学生思考、总结，对学生进行价值塑造：时间是由分秒积成的，善于利用零星时间的人，才会做出更大的成绩来。

第11节 学会主动学习

湘潭县天易贵竹学校 盛芊

【班会背景】

在班级管理中，经常遇到一些害怕"老师找"的学生，有的害怕老师提问，有的害怕老师点评。这种害怕的本质，是学生学习不主动，不积极，要改变这种状态，就必须让学生认识到在学习中只有主动学习，自己主动解决问题，才能有真学习，有真成长。

适用年级：小学四年级。

【班会目标】

1. 认知提升：知晓什么是主动学习，如何才能做到主动学习。

2. 价值塑造：主动学习，才能获得自己想要的结果。

3. 外化于行：面对学习过程中的困难，能够进行主动思考，主动解决问题。

【班会准备】

1. 资源：视频《"给小鸡搬家"实验》《当困难来临的时候》，音频《冬冬的烦恼》，大小方形纸，写字纸，纸盒。

2. 思路：从一个纸盒开始，激发学生的兴趣，学生主动上台打开纸盒，从而引出学会主动学习这个话题。通过解决冬冬的烦恼，由浅入深，层层剥笋，跟学生一起找到主动学习的方法：在学习过程中遇到问题不等待，不被动，主动去进行思考，主动去解决问题。

一、魔盒导入

师：今天老师要来和你们聊一个话题，可是它躲在这个魔盒里面，现在，你最想知道是什么吗？

生：它是什么？

师：到底是什么呢？你们都想知道吗？

师：那现在你最想做什么？

生：把盒子打开。

师：谁来把盒子打开？（有人举手，老师不点名，愿意上台的直接上台。）看一看，是什么呢？

生：学会主动学习。

师：谢谢你，这次行动你很主动。这节课，咱们要聊的话题就是学会主动学习。（板书课题）

师：就像刚才这样，老师让大家猜一猜这节课要学什么，小敏同学就走上前来，主动打开盒子，找出我们这节课要学的内容，这就是一种主动。它的解释是：在学习过程中遇到问题不等待，不被动，主动去进行思考，主动去解决问题。

【设计意图】通过猜一猜盒子里是什么的游戏引出课题，激发孩子们学习的兴趣，帮助孩子更好地理解课题的意义。

二、主动学习并不难

1.冬冬的烦恼。

师：我们在学习中啊，难免会遇到很多的困难。老师认识一个同学，名字叫冬冬，他的烦恼是什么呢？我们一起来听听。（播放音频《冬冬的烦恼》）

翻开书看着数学应用题，冬冬犯了难，题中有的字不认识，读起来很吃力，更不知道怎么列式了。平时，都是爸爸看着他做作业，有不会的爸爸准会告诉他，可是，今天爸爸、妈妈迟迟没回来。唉！真烦人。

师：冬冬的问题出在哪？

生：有的字不认识。

生：读起来很吃力。

生：不知道怎么列式。

生：爸爸妈妈都不在家，没有人可以请教。

2. 写下自己在学习当中遇到的困难和烦恼。

师：冬冬遇到了这么多困难和烦恼，孩子们，你们在平常的学习中有过困难和烦恼吗？请拿起桌上的小纸条，把你在学习当中遇到的困难和烦恼写上去，开始吧。

师：很多孩子已经写好了，那请每小组的组长把你们写有学习中的困难和烦恼的纸条收上来，装进这个魔盒里边。咱们这节课啊，一定能够解决你们学习中的这些困难，来，装进去吧。

3. 折纸游戏，随机总结解决困难的办法。

师：哦，这么多困难，装了满满一盒子，可是，这么多困难怎么来解决呢？别急，咱们先来玩一个折纸的游戏——"折一个稻草人"，每个孩子拿出一张方形纸，按照步骤，开始折纸吧！（课件出示折纸的图片和步骤）

1. 沿虚线朝箭头方向折叠，翻过来；
2. 沿虚线朝箭头方向折叠，翻过来；
3. 沿虚线朝箭头方向折叠，翻过来；
4. 将下面三个袋子张开，沿虚线折压；
5. 画上眼睛即成稻草人。

师：我看到有的孩子已经折好了，而有的孩子好像有问题了，折到这，你遇到了什么麻烦？你来说——

生：有的地方折不来。

师：你打算怎么办？

生：多看几遍上面的图，加深理解，再认真去折。

师：多看一看，多看几遍，这是一个好办法。（随机板书：多看。）

师：还有谁来说一说，在刚刚的折纸过程中，你遇到了什么困难？请你来说——

生：第一步折歪了。

师：哦，第一步就有点歪了，那你打算怎么办呢？

生：及时更正过来。

师：做得不好的地方及时更正，这也是学习中解决困难的一个好的办法。（板书：更正。）

生：看不懂。

师：那怎么办？

生：可以去请教别人。

师：请教同学，也是一种好办法，多问、多请教也能解决我们学习中的一些困难。（板书：多问。）

师：我也想采访一下已经折好的孩子，你能和大家分享一下你成功的经验吗？

生：其实我也不是一次就折好的，要多去试一试。

师：是的，自己不停地尝试也会获得成功。（板书：多试。）

（板书的内容根据学生的现场生成灵活确定。）

4. 小组合作，解决同学的烦恼。

师：那么多的困难被我们一个一个地都解决了。折纸如此，学习中的其他困难也是如此。让我们用刚才学到的解决问题的办法，尝试解决一下我们当前遇到的问题。

以四人小组为单位，请小组长上来抽出两个问题，然后小组成员一起来想办法解决你们抽到的问题。

（小组长上台抽取问题，学生合作解决问题，提出解决方法。）

师：都完成了吗？哪一组给大家汇报一下你们给别人解决问题的成果？你们这组最先举起手来，请你们来。其他小组的同学可要认真听哦，这些问题也可能就是你学习中遇到的问题，其他同学在给你想办法呢。

师：刚才咱们抽到的学习中的困难，都通过小组合作解决了，可是还有这些呢，那我随便念一个，你们有办法吗？

（教师念纸条上的问题，学生自由站起来谈解决办法。）

5. 解决自己的烦恼。

师：我随机抽了几个，孩子们都能找到解决问题的方法，那刚才你自己写的那个问题，你现在能解决吗？回忆一下，谁来说一说，刚才我写的问题是什么，我现在应该怎样去解决?

（学生自由陈述自己的问题和解决方法。）

6.解决冬冬的烦恼。

师：孩子们，你们的这些困难还是困难吗？

生：（齐）不是。

师：既然不是困难了，那么我们就应该把它们统统都扔了，来，孩子们，把你们之前写的困难都扔进这个垃圾桶，扔掉以后我们就再也没有学习中的困难和烦恼了。

（学生下桌扔掉之前写的纸条。）

师：我们回过头来看看冬冬的烦恼，现在能帮他解决吗？第一个问题，字不认识，怎么办？

生：可以查字典。

师：对！第二个问题，读起来很吃力怎么办？

生：请教别人。

师：假设这个句子太长了，我读读读，怎么都读不过去，出现这一种情况的时候，怎么办？

生：多读几遍。

师：慢慢加深理解！做不来，列不了式子。

生：上课的时候认真听讲。

师：还有刚才咱们讲的问题解决的办法，你来说。

生：自己动脑筋，实在不会就去请教别人。

师：（总结）对呀，有什么困难不能够克服呢？看咱们集体的力量，又把冬冬的烦恼也给解决了。

【设计意图】以折纸活动为开端，让学生寻找解决问题的方法，接着让学生勇于面对学习中的困难，并且想办法解决困难，获得学习的快乐。

三、时间的奥秘

师：老师有一首小诗送给你们，来，读一读。

  学习应该是一件快乐的事

  它应该带着愉悦和轻松

  目光亲吻着知识

  耳朵把美好畅听

  轻轻推开心扉

  迎接浩浩荡荡的春风

  用微笑点亮星星的明灯

  用脚步伴奏前进的歌声

  放眼未来，锦绣前程

  师：孩子们，多美的诗啊，现在拿出老师发给你的写字纸，把老师送给你们的这首小诗抄一抄。（学生抄写）

  师：好，1分钟时间到，停，孩子们，数一数，你写了多少个字呢？

  （学生汇报。）

  师：孩子们写的个数都不一样，9个、11个、13个、15个，没关系，老师刚刚没提要求，你们自己在写，现在老师让你们再写一次，同样1分钟的时间，看看谁写得又多又快又工整。另起一行，重新开始写，现在计时开始，小闹钟开始啦！

  师：停！时间到！我们一起来看看×××写的，对比一下，看看她的两次抄写有什么变化。

  生：第二次比第一次写得更多。

  师：是的，你有一双火眼金睛，很快就发现了。孩子们，你们是不是也是这样呢？第二次的字数与第一次相比，写得更多的请举手！哇！百分之百的同学都提高了效率。把手放下。

  师：再比一比，看看第一次写的字和第二次写的还有什么区别？

  生：更工整了。

  师：是的，第二次与第一次相比，字数更多，字更工整，那你知道其中的奥秘吗？

  生：因为第一次写的时候老师没提要求，而第二次写之前老师限制了时间，还说要看谁写得又多又快又工整。

师：限时间、定要求，于是你们的效率就提高了。（板书：限时间，提要求。）这也是解决我们学习上的一些困难的好办法。

【设计意图】 引导学生学会定目标、限时间，提高学习效率。

四、学习不怕难

师：我们一起来看个小实验，从实验中你有什么收获？（播放视频《"给小鸡搬家"实验》）

师：观看实验的过程，你受到了什么启发？

生：我们不要害怕失败。

生：当我们遇到困难时，不要轻易放弃，坚持一下，就会获得成功。

师：（总结）在我们的学习生活中，我们可能会遇到各种困难和挫折，我们要不怕困难，不怕失败，多次尝试，总会有成功的时候。（板书：不怕困难，不怕失败。）

最后，老师还要送给你们一首歌，当你遇到困难和挫折时，希望这首歌可以给你力量。（播放视频《当困难来临的时候》）

【设计意图】 用实验视频激励孩子在学习生活中勇敢地面对困难和挫折。

五、总结

师：孩子们，我们今天找到了这么多解决学习中遇到的困难的方法。每个人对于学习都有着不同的方法，有些方法不一定适合每一个人，只有找到适合自己的学习方法，并在学习中不断运用，才能真正成为学习的主人。学习是自己的事情，因此，遇到困难，我们要学会自己主动去解决，而不是等待老师、家长来帮助你。只有主动学习，才能获得自己想要的结果。

【设计意图】 鼓励学生学会主动思考问题，主动解决问题，并进行价值塑造：只有主动学习，才能获得自己想要的结果。

第12节　做事不马虎

湘潭县天易贵竹学校　齐浪

【班会背景】

学生进入中年级，能做的事情越来越多，老师和家长也会逐步放手，让他们独立去完成一些事情，比如自己整理书包、自己清洗餐具等。这时，学生容易出现丢三落四、粗心大意的问题。本节班会课的主题是做事不马虎，意在帮助学生在生活和学习上逐步养成做事专注的好习惯。

适用年级：小学四年级。

【班会目标】

1. 认知提升：知晓做事马虎危害大，要从小培养做事认真专注的好习惯。

2. 价值塑造：只有认真专注才能把事情做好。

3. 外化于行：在学习和生活中做一个认真专注的人。

【班会准备】

1. 资源：视频《马虎的来历》《小马虎做数学题》，学习单。

2. 思路：从"马虎图"入手，理解马虎的含义。通过小组合作完成学习单，让学生再现生活和学习中容易马虎的事例，交流马虎带来的麻烦，思考马虎的原因，找到克服马虎的方法，并认识到做一件事情只有认真专注才能做好。

一、故事激趣，认识马虎先生

师：孩子们，请看大屏幕。请仔细观察这幅图，你发现了什么？

生：这幅图有马的身子，老虎的头。

师：是呀，这就是"马虎图"。马虎，就是说一个人做事不认真，粗心大意，常常出错。关于马虎的由来，还有一个有趣的故事呢！（播放视频《马虎的来历》）

古时候有一个画家，有一次他画了一个虎头。他的朋友来了，叫他画一匹马。他就在虎头的后面画一匹马的身体。他的大儿子看见了问道："这是什么？"他说是一匹马。他的二儿子也来问他了："这是什么？"他说是一只虎。有一天，大儿子看见了一只虎，他以为是马，想骑它，被老虎吃掉了。二儿子看见了一匹马，以为是虎，所以就把马射死了。从此，人们就叫他"马虎先生"。

师：同学们，你想对马虎先生说什么？

生：我想说，马虎先生，都怪你做事马马虎虎，你的儿子被老虎吃掉了，马也被射死了。

生：我想说，马虎先生，你这马虎大意的坏习惯也该改改了，不然还不知道会酿成什么大祸呢！

【设计意图】通过故事导入，使同学们认识到马虎的危害。

二、联系实际，寻找马虎先生

师：有一个叫占武的孩子，我们一起来看他做数学题。（播放视频《小马虎做数学题》）

我们班上有一位男同学，名叫占武。每次占武写作业的时候总是马马虎虎，闹出了许多笑话。有一次上数学课的时候，占武做的题一连错了好几道。其中有一道题说：爸爸35岁，是儿子岁数的5倍，儿子多少岁呢？占武想都没想，拿起钢笔就用乘法去算。老师问："儿子多少岁啊？"占武说："儿子175岁。"同学们听了哈哈大笑，占武红着脸低下了头。老师说："哪有儿子比爸爸还大的呀！"就是因为占武经常这样闹笑话，所有的同学都给他取了一个外号，名叫"小马虎"。

师：同学们为什么叫占武"小马虎"呀？

生：因为他做数学题不认真，很马虎。

师：是呀！你们有马虎的时候吗？

生：有。

师：请大家拿出抽屉里的学习单，在小组内说一说你有过的马虎经历，以及这件事给你造成了什么麻烦。小组长记录好大家的发言。

	马虎事例	造成的麻烦	马虎的原因	克服马虎的方法
生活上				
学习上				

（学生讨论，交流汇报。）

师：哪一个小组来跟大家分享一下你们做过的马虎事？

生：有一次，我们组黄健轩和他弟弟出去玩沙子，回去的时候，忘记带走铲子了。

师：那老师想采访一下黄健轩，这件事给你造成了什么麻烦？

生：当时我们已经离开了，如果没有铲子，下次又得花钱买，而且我又很喜欢那把铲子。妈妈只好带着我们又返回去找，我们走了许久。因为这件事，我们还耽误了回家吃饭呢！

师：这是生活中容易出现的马虎事。还有哪个小组愿意来说一说？

生：妈妈让我去收衣服，我抱回一堆衣服，其中一条裤子掉在地上了，我也没发现。第二天洗澡时才发现没有裤子换。

生：现在我都是自己洗饭盒。前几天我放学回家就放风筝去了，结果忘了洗饭盒。第二天在学校吃中饭的时候，我打开饭盒一看，竟然还没洗。我跟老师请了假，匆匆忙忙跑到食堂去洗饭盒，我成了最后一个吃完饭的人，差点上午自习迟到。

师：你描述得真详细。相信你今后一定会记得洗饭盒的。

师：孩子们，刚才几位同学说了自己曾经有过的马虎经历，在生活和学习中还有哪些经常容易马虎的例子呢？

生：每次数学小测试，我总是得八十几分，但是每次试卷发下来再检查的时候，发现这些都是不应该做错的。

生：上次发作业本的时候，我错拿了小浩的作业本，我看都没看就开始做作业，结果害得小浩没有作业本写，到处找也找不到，我自己的作业也要重做。

……

师：是呀，这些都是同学们在平时的学习和生活中容易出现的马虎事。请看大屏幕。（出示学生学习中马虎的照片）

师：这个学生的作业，为什么只得了 B^+？

生："衔接"的"衔"字写错了。

师：这个学生的作业，为什么只得了 C？

生：书写太马虎了，不工整。

师：这个学生的作业，为什么只得了 A^-？

生：计算粗心大意，7+5=12，结果他写成了 13。

师：你们观察得很仔细。上面都是学习中的马虎现象，在生活中，我们班也有一些同学比较马虎。大家看，这个学生为什么被学生会的干部给拦住了？

生：今天星期一，他忘穿校服了。

师：这个学生的抽屉给你什么感受？

生：太乱了，他可能会在上课的时候，找不到自己需要的文具。

师：咦，这里怎么有一件校服？

生：这个学生把自己的校服落在操场上了。

师：孩子们，原来让我们痛恨的马虎先生就在我们身边啊！你想对身边的马虎先生说什么？

生：我想说，马虎先生，你影响了我的学习和生活，我要打倒你！

生：马虎先生，我一定要离你远远的。

【设计意图】让学生了解生活和学习中容易马虎的事例，提高克服马虎、粗心的习惯的意识。

三、交流方法，打倒马虎先生

师：同学们，刚才大家说了很多我们容易犯的马虎和小错误，你们想一想，会是什么原因造成的呢？请继续在小组内讨论造成这些马虎的原因，请小组长做好记录。

（学生交流讨论、记录。）

师：看到你们高高举起的小手，我知道你们已经找到原因了。请你来跟大家汇报吧！

生：我忘带文具，是因为我前天晚上没有收拾，忘记放进书包。

生：我看错题目，是因为我急着做完。

生：我计算错误，是因为我太心急，而且还忘了检查。

（学生交流讨论，举手发言，教师板书：忘收拾、太心急、忘检查、粗心大意……）

师：那怎样才能不做小马虎呢？我们先来看看这几位同学是怎么做的。请大家仔细观察，看谁观察得最认真、最不马虎。

（出示认真、细致的情景图片。）

师：她的作业为什么能得 A^+？

生：她的书写很工整。

师：她的作业为什么能得 A？

生：她的计算全部正确。

师：她的抽屉为什么会这么整齐？

生：她进行了分类整理。

师：她的书包为什么会这么整齐？

生：她很认真地对书包进行了整理。

师：看完这几位同学的做法，老师想知道你们有没有得到启发，想到克服马虎的好办法。请继续和小伙伴交流交流，完成学习单的最后一项。

（学生交流讨论、记录。）

师：孩子们，老师从你们的脸上看到了自信的微笑，你们一定找到了好方法。谁愿意来分享一下？

生：如果我们能够像晓阳一样，做完作业认真检查一遍，不急不躁，就会减少很多错误。

生：我觉得我们在做事的时候可以事先想清楚，列一个清单。比如，周末的作业，我们列一个清单，做了一项就做一个标记，这样就不会漏写作业了。

生：我想，我们可以相互提醒。比如，有的同学下课就买东西去了，或者急着上厕所，我们身边的同学应该提醒他做好课前准备。

……

（学生交流，教师板书：列清单、仔细看、认真听、用心做、会检查、有顺序、做标记、提醒……）

【设计意图】通过小组合作完成学习单，思考马虎的原因，找到克服马虎的方法。

四、活动体验，消灭马虎先生

师：同学们都学到了很多消灭马虎的好方法。我们一起来试试看，这些方法该怎么用呢？让我们来看看这两幅画，有好几处不一样，让我们静下心来，仔细观察，看看谁能把不同之处全找出来。

（学生找不同，集体交流讨论。）

师：你找对了吗？你是怎样找对的呢？

生：我的方法是从上往下顺着找。

生：多看几遍，别漏掉。

生：找到一个做一个记号。

师：是呀，只要我们做任何事情细心一点，专注一点，就会离马虎越来越远。在日常生活中，我们要从改变细小的马虎行为做起，培养做事认真专注的习惯。因为只有认真专注，我们才能把事情做好。

【设计意图】通过找不同的活动体验，让学生学会将克服马虎的方法运用于具体的学习生活中。

第 3 章
培养时代意识：学会图强

第 1 节　对校园欺凌说"不"

宁乡市巷子口镇中心小学　马娟

【班会背景】

　　近年来，校园欺凌已经成为一个让家长、学校、社会共同关注的问题。当前校园欺凌事件层出不穷，对学生健康和校园环境造成了严重的危害。一些同学在遭遇校园欺凌，身心受到侵害时全然不知，以为校园欺凌仅仅是不礼貌的表现。另一些同学在目睹校园欺凌时也无动于衷，以为只是同学间的"嬉闹"。学生的安全意识淡薄，对校园欺凌的认识不够，容易误入歧途，成为校园欺凌的主要受害者。孩子是祖国的未来，为了让每一个孩子都在阳光下长大，特设计本节班会课。

　　适用年级：小学五年级。

【班会目标】

　　1. 认知提升：知晓什么是校园欺凌，校园欺凌的危害性，如何预防和抵制校园欺凌。

　　2. 价值塑造：每个人都有其价值，没有人理应受到欺负。我们不需喜欢每个人，但是要尊重每一个人。

　　3. 外化于行：对校园欺凌说"不"，不做被欺凌者，不做旁观者，不做欺凌者。

【班会准备】

　　1. 资源：视频《什么是校园欺凌》《生活当中的语言暴力》《语言欺凌》《教

孩子:"校园暴力"之正确反击》《尊重他人》,每个学生一张画纸。

2. 思路:从破坏一幅幅美好的画入手,让同学们感受什么是校园欺凌,校园欺凌带给人的伤害。通过观看视频、校园欺凌的案例,对学生进行价值塑造:每个人都有其价值,没有人理应受到欺负。我们不需喜欢每个人,但是要尊重每一个人。

一、感受校园欺凌

1. 创造美好。

师:同学们,在你们每个人的课桌上,都有一张画纸,老师想请大家在上面画一幅画,把你心中最美好的东西画出来。可以是你喜欢的人,可以是你喜欢做的事,也可以是你喜欢的风景或场景等。

(学生自由绘画,限时3分钟。教师巡视,选出其中三幅画,第一幅选择画得比较好的,第二、三幅选择画得一般的。)

师:请三位同学说一说,你们画的最美好的事物是什么?

(学生自由回答。)

2. 我是校园"小坏蛋"。

师:接下来,老师想请大家扮演一下校园"小坏蛋"。

活动规则:

(1)不说话。

(2)1和4、2和5、3和6为对应组,交换作品,每人在对方画纸上进行1次破坏,可以做出三种行为中的一种:

①把画纸撕烂。

②在画纸上写上"画得这么难看,丑死了"。

③画一个倒竖大拇指。

(3)限时3分钟,并换回作品。

(学生完成任务。)

3. 感受校园欺凌带给人的伤害。

(老师选择三幅画分别贴在黑板上,展示给学生看。)

师：这三位同学画出了自己认为最美好的事物，可是美好的事物却遭受了这样的对待，此刻我想问一问这三位同学，你有什么样的感受呢？

生：很难过，很生气，觉得受到了侮辱。

师：其他同学呢？你们作为旁观者看到了这样的行为，你们是什么样的感受？

生：想帮助他把画修复好，想把画拿回来。

生：很愤怒、很不解。

师：如果在生活当中，属于你的东西被其他同学破坏了，你会怎么做？

生：想骂人，抗议。

生：询问为什么要这么做，和他讲道理，告诉老师。

生：也撕坏他的，或者要他赔。

师：面对自己不喜欢的人和事，我就随意地去伤害、辱骂、鄙视。这样的行为对吗？

生：不对。

师：为什么不对？

生：因为没有尊重别人。

生：那是别人的画，没有权利去破坏。

生：不能欺负弱小。

师：就算画得不好看我也不能这样做吗？就算我很不喜欢这个同学，我也不能这样做吗？

生：不能。

师：为什么不能？

生：因为那是别人的劳动成果。

生：可以不喜欢，但是要尊重。

生：别人会不高兴。

师：那如果有人经常这样去伤害别人、辱骂别人、鄙视别人，长此以往，将会有什么样的后果呢？

生：大家都会不喜欢这个人，会敬而远之。

生：给被伤害的人造成心理阴影，影响他的成长。

师：那你们知道这样的行为在校园中被称为什么吗？

生：校园欺凌。

师：那么我们就一起走进今天的主题班会——《对校园欺凌说"不"》。

【设计意图】通过以不同的方式破坏画作引入校园欺凌的主题，体会到校园欺凌是不对的，为接下来介绍校园欺凌的三种分类做铺垫。

二、解读校园欺凌

1. 什么是校园欺凌？

师：既然提到了校园欺凌，那什么是校园欺凌呢？

（学生自由回答。）

师：同学们各有各的观点，那到底什么是校园欺凌？我们先来听一听央视如何定义。（播放视频《什么是校园欺凌》）

师：（总结）校园欺凌是在学校中或者上学和放学的途中，欺负弱小，言语羞辱以及敲诈勒索甚至殴打等行为。并不是普通的朋友之间的打架，而是恶意的、长期的，主要表现为以强凌弱、以大欺小、以多欺少。欺负者并不觉得自己做得不对，从中得到一种快感。

师：在校园生活当中，都有哪些校园欺凌行为呢？请你们根据自己的见闻来说一说。

生：收保护费、起外号、打人等。

师：这些行为，可能自己经历过，或者是看到别人经历过，情况还不一样。其实，欺凌行为也分很多种类，我们一起来深入了解。

2. 校园欺凌的分类。

（1）行为欺凌。

师：以暴力手段对被侵害者的人身和财产进行侵害，包括打架斗殴、敲诈勒索、抢劫等。

（2）语言欺凌。

师：主要指通过语言对精神达到严重程度的侵害行为，如起侮辱性外号、造谣污蔑等行为。（播放视频《生活中的语言暴力》）

贱人！垃圾！你怎么不去死啊？你真恶心！真不要脸！开个玩笑，至于吗？虚伪，你好作呀！离我远点！赔钱货！就知道吃，胖死你！你要死啊！活该！装什么装？买不起就别看！关你屁事！你有什么了不起！你是猪吗？

师：这些话在我们的生活当中常不常见？

生：常见。

师：试着想一想，如果别人对你说出这样的一些话，你心里会怎么想？

生：难过、生气。

师：这些语言上的攻击在我们生活当中非常常见，而且相比起行为欺凌来说看起来伤害没那么大，因为并没有动手打你，也没有抢人东西，只是说了几句话。但实际上这些刺耳的话也会伤害到别人的心灵。（播放视频《语言欺凌》）

师：语言上的暴力也是不可取的，我们也应该反对这种欺凌。

（3）社交欺凌。

师：现在我们来学习第三种欺凌，你们看图片中那些同学，他们在说什么呀？

（出示图片：众多学生孤立一个同学，同学们说"你们都别和他玩"。）

师：社交欺凌也叫关系欺凌。联合其他同学，有组织地排斥或孤立别人来实施欺凌。这种欺凌方式使被欺凌的学生感到身边没有朋友、孤立无援。

师：我们回头看看刚才被破坏的三幅画，大家想一想，如果发生在我们真实的校园生活当中，它们分别属于哪一种欺凌呢？

生：第一张属于行为欺凌，第二张属于语言欺凌，第三张属于社交欺凌。

3. 校园欺凌的危害。

师：我们已经认识了什么是校园欺凌，那我们为什么要对校园欺凌说"不"？它究竟有什么样的危害呢？小组讨论，可以分别从受害者和欺凌者两个角度来想一想。

（学生讨论、汇报。）

生：受害者不仅会受伤，而且会产生心理阴影，会逃学、厌学，甚至会自杀。欺凌者的行为是违法的，要赔医药费，严重的话甚至要负刑事责任。

师：关于校园欺凌的危害，大家都说得非常好。我们来看一看校园当中真实发生过的案例。

事件一：农村小学男生遭受欺凌得了抑郁症

受害男生被堵在角落里，另外两个男生向他扔了一个垃圾筐，里面装满了肮脏的垃圾。受害男生此前就一直被欺负，被诊断为中度焦虑，重度抑郁。

事件二：女生被五个同学殴打，造成十级伤残

五名女学生共同殴打另一名女生兰兰，导致其伤残，原因是兰兰在学校期间不注重个人卫生，引起其他同学不满。

事件三：某小学副班长逼同学喝尿

因为副班长拥有检查作业、监督背书的权力，于是向另外六个孩子要钱，钱没给够，就逼他们喝尿，还威胁说要弄死他们。

师：谁愿意来读一读？

（学生读。）

师：这是生活当中真实发生过的，多么的可怕。从受害者的角度讲，校园欺凌扰乱学校正常的教育、教学秩序，影响同学们正常的学习和生活，严重影响受害者的身心健康。从施害者的角度来讲，给欺凌者的家庭造成巨大的经济负担，严重的构成违法犯罪。因此，在校园欺凌中，双方有没有赢家？

生：没有。

师：所以我们才要对校园欺凌说"不"。

【设计意图】部分学生对"校园欺凌"这一词语还很陌生，或理解不准，所以利用三幅画以及多媒体让学生深入了解校园欺凌，首先明确生活当中最常见的三种校园欺凌，感受其恶劣性质，然后通过现实中的事例，直观地了解到校园欺凌带来的严重后果。

三、对校园欺凌说"不"

1. 不做被欺凌者。

师：那到底怎样才能对校园欺凌说"不"？互相交流，当我们或身边的同

学受到欺负时，我们应该怎么办呢？

生：告诉老师、家长，大声呼救，找机会逃跑。告诉他校园欺凌是不对的，拒绝欺凌。

生：看到别人受欺负时，找一个理由把他带离现场，比如"老师叫你"，然后告诉老师。

（播放视频《教孩子："校园暴力"之正确反击》。）

面对校园暴力中的肢体暴力，你有权利保护自己的身体不受到伤害，财物不受到损失，如果对方不是一个人，也可以勇敢地拒绝和反击，勇气是你最好的武器。但是回家之后呢，一定要向家长汇报，寻求帮助和保护。

师：（小结）面对校园欺凌，我们绝对不能忍气吞声，而是应该勇敢地去面对，拒绝校园欺凌，不做被欺凌者。（板书：不做被欺凌者。）

师：不过视频当中欺凌者只是一个人，万一欺凌者是很多人呢？我们又该怎么办呢？我们来学习这些应对校园欺凌的方法。

（课件出示方法，带领学生阅读。）

首先，如果对方求财，要以人身安全为重，舍财保命。如果对方不是求财，要一边大声呼救，一边找机会逃跑。如果无法逃脱，就向对方求饶，以减少人身伤害。

其次，身体受到暴力伤害时，要双手抱头，尤其是太阳穴和后脑。事情过后及时告诉老师、家长或是警察。

再次，平时钱财不要外露，厕所、角落等是校园暴力多发的地带，最好与同学结伴而行。

2. 不做冷漠的旁观者。

师：另外，我们刚刚也提到，如果是看到他人受到欺负，我们绝不做冷漠的旁观者。（板书：不做冷漠的旁观者。）我们不能冷眼旁观，更不能帮着欺凌者去欺负别人。

3. 不做欺凌者。

师：那请同学们说一说，当你们与同学发生矛盾的时候，能不能欺负别人？应该怎么做？

生：可以和他讲道理，可以告诉家长或老师等。

师：这也是我最后想要讲的：不做欺凌者。（板书：不做欺凌者。）我们要学会正确与人相处。

（带领学生阅读：宽容大度，与人为善，不欺负弱小。播放视频《尊重他人》。）

师：每个人都是这个世界上独一无二的存在，每个人都有其价值，没有人理应受到你的欺负。我们可以不喜欢一个人，但是应该尊重每个人。这节课后，希望同学们在校都能远离校园欺凌，不做被欺凌者，不做旁观者，不做欺凌者，团结友爱，共同进步。

【设计意图】学习应对校园欺凌的方法，发生校园欺凌时，及时采取措施避免伤害。知道在平常生活当中要如何处理矛盾，尽可能地避免校园暴力的发生。对学生进行价值塑造：每个人都有其价值，没有人理应受到你的欺负。我们可以不喜欢一个人，但是应该尊重每个人。

第2节 守护我的"人生塔"

湘潭县天易贵竹学校 蔡婷

【班会背景】

五年级的学生现在正处于身心、智力快速发展的时期，价值观正在逐步形成，现实生活中的一些善恶之事，会影响他们的价值判断。因此，特意设计本节班会课，希望通过一系列体验活动使学生们能分辨善恶，抑恶扬善，形成"勿以恶小而为之，勿以善小而不为"的价值观，在现实生活中做一个善良的人。

适用年级：小学五年级。

【班会目标】

1. 认知提升：知晓什么是善什么是恶，理解什么是小善和小恶。

2. 价值塑造："勿以恶小而为之，勿以善小而不为。"

3. 外化于行：在日常生活中，心存良善之心，在别人需要帮助的时候，在自己的能力范围之内及时伸出援助之手，不因小利而去做违背社会公序良俗的事情。

【班会准备】

1. 资源：视频《周处除三害》《河南卫视高燃舞蹈混剪》，积木九盒（每盒拥有蓝、黄、绿、紫、橙、粉六种颜色，每种颜色三块积木）。

2. 思路：教会学生要为别人着想，在关心、帮助别人，为社会做贡献中体现自身的价值。杜绝因小利而做违背公序良俗的事，人人争做文明、优秀的好少年。

一、"抽抽乐"游戏，引出"人生塔"概念

师：孩子们，上课之前我们先来做一个实验。在你们的桌上有一摞积木，"抽抽乐"大家玩过吗？接下来我会念六句代表不同颜色的话，我念一句，操作员就在不触碰其他积木的情况下抽出对应颜色的一根积木，大家一起观察积木塔的变化。准备好了吗？（依次出示六句话）

1. 哈哈哈哈，你太笨了吧，这都不会！（蓝色）
2. 大家都踩草坪抄近道，我为什么就不可以呢？（黄色）
3. 我本来不想一起乱涂乱画的，但他们非得叫我一起！（绿色）
4. 是他先用脏话骂我的，我才用脏话回骂他的！（紫色）
5. 这件东西我太喜欢了，我就偷偷拿一次，不会有下次的！（橙色）
6. 玻璃是我最好的朋友打碎的，我不能说，会害他挨骂的！（粉色）

（学生操作，拍照并上传积木塔的情况，展示在屏幕上。）

师：你的积木塔现在变成什么样了？你能用一个词语来形容一下吗？

生：歪歪扭扭。

生：东倒西歪。

生：千疮百孔。

师：如果这一摞积木对应的是我们的"人生塔"（板书），你希望你的人生变成这样吗？

生：（齐）不想！

师：那么，这节课我们就来讨论交流如何守护我们的"人生塔"。（完善课题）

【设计意图】通过"抽抽乐"游戏导入，激发学生的兴趣，引入"人生塔"的概念。用直观形象的体验，让孩子初步明白"勿以恶小而为之"的道理。

二、每一件恶事，都损伤我们的"人生塔"

师：回到刚刚的话题，为什么"人生塔"刚刚变成了这般模样？

生：因为这些事情都是一些不好的事情。

师：那这些事都有哪些后果呢？谁来选择一件说一说？

生：我想说第一件，如果你这样去说别人的话，别人心里会很难过的。

师：对呀！这样做会给他人造成伤害，影响我们的人际关系。

生：我想说第二件，如果大家都踩草坪的话，那么草都会被踩死的，我们的环境一点也不美观。

师：（出示草地对比图）那你们是喜欢这样绿茵茵的草地还是这样光秃秃的草地呢？

生：（齐）绿茵茵的草地。

师：那我们来想象一下，如果你在大风天气路过这片光秃秃的草地，会发生什么事？

生：会有很多沙子吹进我们的眼睛、鼻子里。

师：那如果是暴雨天气路过这片草地，又会发生什么事呢？

生：有可能踩着泥滑倒摔一跤。

生：有可能弄得鞋子、裤腿都是泥。

师：原来草地不仅可以美化环境，而且还能方便我们的生活。

生：我来说说第三件，这是在破坏公物，让我们的环境也很不美观。

师：你刚刚提到了一个很重要的词"破坏公物"。我们一起来看几则关于破坏公物的新闻。你瞧这个哥哥因为乱涂乱画被罚款了 2000 元，还被要求将墙面处理干净。严重的破坏公物行为，不仅仅需要进行经济赔偿，甚至还需要承担法律责任。

师：我们每做一件错事就有相应的后果需要我们承担，这叫恶有恶果。（板书：恶有恶果。）那其他几件事，你知道他们会有什么后果吗？

生：我来说说第四件，骂脏话让自己变得十分不文明。

生：我来说说第五件，偷东西一次可能就会有很多次，所以千万不能这么做。

生：我来说说第六件，这样不说出来，会给玻璃的主人添麻烦，而且对朋友也不好。

【设计意图】分析"人生塔"为什么会遭到损伤，引导学生进行价值判断。

三、修复我们的"人生塔"

师：那如果我们确实做错了事，我们又该怎么办呢？在我国古代呀，有个叫周处的人，他的故事或许能给我们一些启发。（播放视频《周处除三害》）

师：知错能改，善莫大焉。（板书：知错能改。）

师：那现在我们也一起来想想办法，修复我们的"人生塔"吧，解决一件咱们就可以修复一层。我们先说，待会儿一起来修复。

生：我来解决第一件，如果我说了这句话，我会跟对方道歉，然后教他怎么做。

生：我来解决第三件，我会拒绝他们，不跟他们一起去画，而且我也不让他们去画。

师：那如果你们已经画完了呢？

生：我会想办法清理干净，如果清理不干净，我会请爸爸妈妈来帮忙一起清理。

生：我会解决第二件，我会去购买草皮，请专业的人指导将草坪填上，还在草地旁边立个牌子，提醒大家也不要踩草坪。

生：我来解决第四件，如果别人用脏话骂我，我会告诉他这是不文明的行为，如果他不听，我会请老师帮忙教育。

生：我来说说第五件，我会把东西偷偷地还回去。

师：如果已经被发现了呢？

生：我会主动承认错误，跟人道歉。并且下次再也不这么做了。

生：我来解决第六件，我会让朋友去认错，并且跟爸爸妈妈说赔偿一块玻璃！

师：如果我有你这样的朋友，我会感到骄傲，因为你让我变得更好了！所有的事情都顺利解决啦，那现在我们一起将"人生塔"修复吧！

我们的"人生塔"修复好了，那大家想不想让你们的"人生塔"更高、更稳，让我们的人生更精彩呢？那选择什么样的材料更合适呢？谁上来选一选？并且说出他的理由。

生：我还是选择同样的小积木，因为它能让我们的"人生塔"搭得更稳。

师：你瞧！这些材料看起来是如此的新奇独特、与众不同，为什么不选这些呢？

生：那个球和圆柱容易滚动。

生：第一个正方体上面有块凸起，如果往上面搭，积木会容易掉。

生：第二个正方体太高了，容易让积木摔下来。

生：这块软积木形状不规则，也不适合搭建。

师：其实啊！我们的生活也是如此，总是会有很多新奇的事物不断地出现在我们周围，一下子就吸引了我们的目光，但新奇不一定就是适合我们的。比如前段时间我经常看到这个动作，这是在干什么？（播放电摇动图）

生：电摇！

师：我还特地去查了查它，它可太火了，你瞧，有教你如何电摇的，有用电摇比斗的，还有老师和家长在用不同的方式教育孩子不要电摇的。看起来如此有趣的动作，为什么老师和家长不支持呢？是他们落伍了，不懂欣赏，不支持孩子的兴趣爱好吗？

生：这是游戏里的动作，它含有嘲讽的意思。

师：原来这个动作带着嘲讽，所以你觉得不好。我也进一步查了查它的身世，原来呀，这个小人最开始出现在3000多年前瑞典的一幅壁画上。这幅壁画名为《太阳神战车》，这战车可了不起，它巨大无敌，被当时的人们奉为圣物，旁边的小人正一个个对它表示崇拜呢！只是后来呀，被无知的人曲解它的意思再配上刺耳嘈杂的音乐编了一段跳舞的动画，才变成了嘲讽。（播放电摇视频）

现在你知道它的故事了，我们再来看看电摇这个动作，仔细思考辨别一下。我这里有三个帮你思考的口诀（出示声音美、画面美、寓意美），请你从这三个方面再来评价评价，电摇这种行为做到这些了吗？

生：我觉得它做到了声音美。

生：我不认同！我觉得它的声音非常刺耳，让人听着很难受。

生：我觉得它的动作还不错。

师：不同的人有不同的看法，那有没有学舞蹈的孩子从专业的角度来评价一下这个动作？

生：这个动作我觉得挺丑的。

生：它看起来在故意扮丑，故意搞笑。

生：我觉得它声音美、画面美、寓意美都没有做到，特别是去嘲讽别人，这个寓意就非常不好！

师：对呀！这不叫新潮，不叫有个性，这种行为既不尊重他人，还丑化了自己。

如果你们对音乐舞蹈感兴趣的话，其实我们中国有很多以传统文化为元素创编的优秀舞蹈，我们一起来欣赏一下。（播放视频《河南卫视高燃舞蹈混剪》）

师：有的时候我们觉得还不错的东西，很有可能是因为没有看过更高级的，所以在生活中我们一定要开阔眼界，让自己有更高级的审美和兴趣。现在请大家再来判断这两种行为（出示敬队礼和竖中指），你更支持哪一种？为什么？

生：我支持敬队礼，我们经常在升国旗和表达敬意的时候用。

师：那你们还记得队礼的寓意吗？

生：（齐）人民的利益高于一切！

生：我不支持竖中指，这也是嘲讽别人的意思。

师：那么在我们的生活中，还有哪些行为是你支持的，哪些行为是你反对的呢？

生：我支持弹奏优美的音乐，反对制造噪音。

生：我支持使用礼貌用语，反对说脏话。

师：你瞧，你们多会思考！在我们的生活中啊，新奇的、吸引人的事情总是会不停地出现。这个时候，最重要的就是不盲目跟风，而是要思考、判断，做到——明辨是非。（板书：明辨是非。）

师：如果遇到事情的时候，你实在不知道该如何具体判断时，该怎么办？

生：我会先不做。

生：我会去问老师可不可以。

师：请教值得信赖的长辈是一个好办法。老师再给大家推荐两种办法，一种是查阅相关的书籍、资料，一种是对照法律条文、守则等。如我们教室里都有一份——

生：（齐）《中小学生守则》。

师：多思考，不盲目跟风，相信你一定可以做到。我们中国还有句古话叫作"勿以恶小而为之，勿以善小而不为"。这句话的意思是不要以为是微小的坏事就可以做，不要以为是不大的好事就不去做。不做错事只能保证咱们的"人生塔"不出问题，想要我们的人生更精彩，则需要多做好事，做到善言善行。（板书：善言善行。）

其实无需做多少惊天动地的大事，生活中很多小事也足以让人感到温暖。我们一起来看看视频，看看哪个片段让你觉得最温暖。

生：那个给老师暖手的小朋友令我觉得很感动。

生：那个在马路中间跪着为腿脚不便的老人穿鞋的画面让我很感动。

师：那么你呢？你在生活中是否也如视频中那样帮助或者关心过别人呢？我记得有一次啊，下着雨，两个叔叔在搬书，书掉到地上了，我们班两个孩子二话不说就冲进雨里帮忙捡书。那一刻呀，老师真为班级有这么善良的孩子而感到骄傲！

生：我上次在小区捡了一张身份证，我把它交给物业叔叔了。

生：我上次在广场玩的时候捡到了一串钥匙，我把它交给警察了。

生：上次去菜市场的路上，我扶了一位老奶奶过马路。

师：接下来我们来做第三个实验，小组交流自己做过的好事，说一件即可搭一根积木。

【设计意图】联系生活实际，借助搭建"人生塔"的操作方式，知晓在日常生活中应该坚持明辨是非、善言善行。

四、小结课堂，课后延伸

师：（展示积木结果）哇！你们的"人生塔"现在都这么高了啊！对比上课时的"人生塔"和现在的"人生塔"，你更想要哪一座呢？

生：（齐）现在的！

师：那想拥有第二座"人生塔"，我们该怎么做呢？

生：我们要坚持多做好事。

生：不做坏事，如果做了错事要及时改正。

生：我学会了做事之前要先思考，不能盲目跟风。

师：课的最后老师送给你们一段话，我们一起来读一读。（出示）

很多时候，善良不是为了取悦别人，
而是为了让自己心安。
我们坚持做一件事，
不是因为这样做了会有效果，
而是坚信这样做是对的。

师：愿你们能坚持做一个善良正直的人，"人生塔"越来越稳固，越来越有意义！

【设计意图】知识来源于生活，更该回归生活，运用于生活。引导学生能够做到从身边的小事做起，抑恶扬善。

第3节　有话好好说

宁乡市白马桥街道金龙小学　杨雯婷

【班会背景】

班上有一些学生，在思维方式上以自我为中心，语言上表现出自私、霸道、不文明、不礼貌，在同伴交往过程中，学生经常会误解对方的真实想法，发生口角。为了教会学生有话好好说，特设计本节班会课，目的是帮助学生掌握说话的技巧，团结同学，通过语言的方式化解同伴交往中出现的各种冲突。

适用年级：小学五年级。

【班会目标】

1. 认知提升：理解和掌握如何用平和的语气说，用微笑的表情说，用"我讯息"的方式说。

2. 价值塑造：好好说话，是最低成本的善良。

3. 外化于行：在学习和生活中，学会好好说话——不高声，不激动；不指责，不埋怨；不追究，不攻击。

【班会准备】

1. 资源：视频《我的鞋子被踩了》《埋怨、指责人的班干部》，音频《听到好朋友在背后说坏话》。

2. 思路：以游戏"山谷回音"导入，提供三个常见的场景，让学生在没有接受专业指导的情况之下，练习如何说话，之后通过一系列体验、解读，总结出三种好好说话的技巧，再次回到之前的三个场景，让学生运用所学知识重新练习如何说话，最后以游戏"山谷回音"结束，前后呼应。

一、导入游戏："山谷回音"

师：今天，我们一起来玩个"山谷回音"的游戏。

规则：

1.学生站到讲台上，双手合拢做喇叭状，对着台下喊话。

2.台下就是山谷，台下全体同学双手交叉放在头顶上，做山谷，并用相同的话回应台上同学。

（学生上台做游戏"山谷回音"。）

生：你好吗？你在干吗？

台下学生：你好吗？你在干吗？

（教师请学生上台来对着山谷喊话，并指定喊话内容。）

生：你笑起来真好看！

台下学生：你笑起来真好看！

师：你现在心情怎么样？

生：快乐。

师：为什么？

生：回应给我的话好听。

生：你真过分！

台下学生：你真过分！

生：你怎么那么讨厌！

台下学生：你怎么那么讨厌！

师：你现在心情怎么样？

生：难受。

师：为什么？

生：他们否定我。

师：不是他们否定你，其实他们只是用同样的话回应你。语言都带着能量的：肯定、赏识、鼓励、温柔的语言，会给人正能量，而否定、讽刺、埋怨、指责的语言，会给人负能量。而且，语言是相互回应的，你对别人说什么话，别人就会对你说同样的话。

【设计意图】通过游戏"山谷回音"，让学生通过体验，理解语言是带着能量的，语言是相互回应的。

二、尝试练习怎么说话

师：老师带来了三个场景，选择其中的一个，如果遇到这个问题，你会怎么说？请和同桌说一说。

场景1：上课时，同学小李扯着你的头发问你借东西，你觉得他扯你的头发很痛，他不应该这样做。你会怎样和小李说话？

场景2：你是检查作业的组长，检查小明的作业时，他却还在玩笔，作业都没做完，你会怎么和小明说？

场景3：课间时，你看到小明和小军在快乐地玩游戏，你很想和他们一起玩，你会怎么和他们说？

（练习2分钟，然后指名学生分享。）

【设计意图】引导全体学生自由表达，在没有说话方式指导的情况下，初步了解学生会如何说来解决这些问题。

三、情景剧场：不好好说话带来的麻烦

师：有两名同学因为不会好好说话，给自己带来了麻烦，你们来看看视频中的他们发生了什么。（播放视频《我的鞋子被踩了》）

教室里，有两个同学在下棋，A、B两位同学被叫过去看棋。

同学A：你过去点，你过去点，我都看不见下棋了。（同学A的脚不小心踩到了同学B）

同学B：（特别气愤，声音很大）你干吗踩我？

同学A：我没有。

同学B：（很激动）就是踩了，你快点给我道歉！

同学A：我不道歉。

同学B：那我也踩你！

师：你看到了一件什么事情？

生：两名同学在看下棋，一名同学鞋子被踩了下，要求同学道歉，同学没道歉，然后相互踩起来，最后打起来了。

师：一名同学要求别人道歉，事情解决了吗？

生：没有，反而自己又被踩，还打起架来了。

师：没有解决问题的主要原因是什么？

生：不应该这么大的声音，他太没礼貌了。

生：他太激动了。

师：假如你的鞋子被踩了，你想要对方道歉，你会怎么说？和同桌说一说。

生：我会这样说：刚刚你踩到我鞋子了，你给我道个歉。

师：遇到这个事情，你的语气很平和，没有了高声，事情也顺利解决了。这就是好好说话的第一个法宝，聪明的你找到了。（板书：用平和的语气说——不高声，不激动。）

师：有一天，有一个班干部告诉我，有些同学总是不服从管理，我们一起来看看她是怎么管理班级的。（播放视频《埋怨、指责人的班干部》）

班干部：唉唉唉，你怎么还不去擦黑板啊？（表情严肃无笑容）

同学：知道了。（继续玩手上的东西）

班干部：马上上课了，你还在玩，每次都要我提醒你！

同学：好了，你别埋怨了。

班干部：那你倒是快点擦啊，做事慢吞吞的，你能做好什么咯？

同学：你总是指责我，还用这种表情看着我，我都不想搭理你。

甲：你还敢说我？

乙：我说你怎么啦！

师：你看到了一件什么事情？

生：班干部催促同学擦黑板，同学和她吵起来了。

师：事情解决了吗？没有解决问题的主要原因是什么？

生：班干部说话很严肃，很冷漠。

生：班干部的每一句话里都有埋怨：你怎么还不去擦黑板啊？你还在玩，

每次都要我提醒你！做事慢吞吞的，你能做好什么咯？

师：大家认为，班干部要怎样说才能让同学乐于接受她安排的工作？

生：要面带微笑，不指责，不埋怨：同学，你今天忘记擦黑板了，马上要上课了，请抓紧时间擦好黑板。

师：我看到了你的笑容，很温暖。请所有同学都面带微笑，和你的同学说一句话。现在大家心情怎么样？

生：愉快。

师：我们已经找到好好说话的第二个法宝。（板书：用微笑的表情说——不埋怨，不指责。）

师：现在，隔壁班级的李明在沟通上遇到了麻烦，你们愿意帮他解决一下吗？这个麻烦是在李明和张雪之间产生的，李明听说张雪背后说他的坏话，李明感到很生气，现在李明看到了张雪，来，我们一起听听他们见面后会说什么。（播放音频《听到好朋友在背后说坏话》）

李明：张雪，你真过分，你怎么可以说我坏话？有本事你在我面前说啊！你说啊！

师：你是张雪，你听了李明的话，你有什么感受？

生：我很生气。

师：同学们，李明的话达到好的沟通效果了吗？

生：没有。

师：我们来看看生气的李明说的话。

师生：（一起说）你真过分！你怎么可以说我坏话？有本事你在我面前说啊！你说啊！

师：发现了什么没有？

生：开头都是一直在用"你"。

师：（指点着说）你，你，你，你……什么感觉？

生：感受到一直在追究，一直在攻击。

师：这种说话方式叫"你讯息"，这是一种用"你怎么怎么样"开头的说话方式，传递的是追究和攻击。当我们被别人追究和攻击时，难免会生气、难过、愤怒、委屈……两人就容易发生矛盾冲突。所以，要好好说话，我们就要将"你怎么怎么样"换成"我怎么怎么样"，这种说话方式叫"我讯息"，具体来说，它要分三步说话：

"我讯息"的说话方式：
我看到/我听到……
我感觉……
我希望……

师：来，我们来尝试一下，将李明说的话，由"你讯息"改成"我讯息"重说一遍。

生：我听到你在背后说我的坏话，我感觉很难受，我是你的好友，我希望你以后有事情可以当面和我说。

师：聪明的你们又找到好好说话的第三个法宝。（板书：用"我讯息"的方式说——不追究，不攻击。）

师：同学小李从你桌子旁边过，把你的书本文具弄到了地上，他看见后，没有捡起而是转身就走了，你有些生气……

请用"我讯息"的方式和小李进行交流：
我看到/我听到……
我感觉……
我希望……

生：小李，我看到你刚刚把我桌角的东西弄到地上，你没有捡就直接离开，我感觉很郁闷，我希望你现在帮我捡起来。

师：用"我讯息"的方式说的话，是不是有不一样的感受？

生：感受到了尊重、友好，没有感受到追究、攻击，心情愉悦，能接受对方的请求。

【设计意图】 通过同学相处中三个真实的案例,分析沟通不畅的原因,层层剥笋,总结出好好说话的三个法宝。

四、学以致用:好好说话

师:现在,我们回到刚开始练习说话的三个场景,采用我们学到的方法,组织语言。

场景1:上课时,同学小李扯着你的头发问你借东西,你觉得他扯你的头发很痛,他不应该这样做。你会怎样和小李说话?

场景2:你是检查作业的组长,检查小明的作业时,他却还在玩笔,作业都没做完,你会怎么和小明说?

场景3:课间时,我看到小明和小军在快乐地玩游戏,你很想和他们一起玩,你会怎么和他们说?

(练习3分钟,然后指名学生分享。)

小红:小李,你在写字课上为什么要扯我的头发?

小明:因为我的铅笔弄断了,想向你借转笔刀,小声喊你,你又听不见,就拉你马尾了。

小红:当我感到你拉我的头发时,我好痛啊,我感觉很不舒服。

小明:对不起,我没有想那么多,我下次不会这样做了。

小红:如果你下次想找我借东西的话,我希望你轻轻拍下我的肩膀。

小明:好的,我记住了。

师:你们都说得很好,看样子,我们都已经学会好好说话了。《小王子》中说:"世界上最有征服力的武器是语言,一句话可以让一个人的心情跌入低谷,一句话也可以让一个人重振力量。"好好说话,是这个世界上最低成本的善良。愿我们都能好好说话,怀着一颗善心,送出一份善意。如此,才能为自己的人生修来好关系、带来好运气。

【设计意图】 巩固课堂收获,回到刚开始的三个场景,引导学生用学到的知识,再说一遍,并对学生进行价值塑造:好好说话,是这个世界上最低成本的善良。

五、首尾呼应：快乐回音

师：我们再玩一次游戏"山谷回音"，你们当回音，我来说。

师：我觉得你很不错！

全体回音：我觉得你很不错！

师：我希望你有话好好说！

全体回音：我希望你有话好好说！

师：我们学会了好好说话！

全体回音：我们学会了好好说话！

师：现在大家心理什么感受？

生：学会了好好说话很快乐。

师：其实我们的班级和学校就像回音谷，你对别人友好，别人也会对你友好，愿我们每天都生活在快乐的"回音谷"中。

【设计意图】以回音游戏开始，以回音游戏结束，让同学们感受好好说话带来的快乐。

第4节 共享雨伞

宁乡市巷子口镇中心学校 戴姣

【班会背景】

夏天的天气总是变化无常，一会儿晴空万里，一会儿又是大雨倾盆。经常遇到这样的情况：快要放学的时候，突然下起了雨，有家长冒雨来送伞；有家长联系老师，让学生在学校先待一会儿；也有学生无人送伞，只能自己冒雨回家——本来是紧密相连的一个集体，可是遇到小小的困难却只能自己顾自己。教师可以借此机会，帮助学生解决实际问题，并树立共享理念。只有人人参与，人人尽力，才能实现人人享有。

适用年级：小学五年级。

【班会目标】

1. 认知提升：知晓什么是共享理念，以及共享理念的本质。
2. 价值塑造：只有人人参与，人人尽力，才能实现人人享有。
3. 外化于行：积极参与班级、学校、社会的共建共享活动，愿意为社会的发展和进步贡献个人力量。

【班会准备】

1. 资源：十把白色的伞，每组学生自备一盒水彩笔，伞架。
2. 思路：以雨伞为载体，通过共同制定"伞规"，设计共享雨伞图案，让学生理解"人人参与，人人尽力，人人享有"的共享理念。

一、共享概念解读

师：同学们，放学了，外面下着倾盆大雨。可你忘了带伞，你会怎样做？

生：我每天都带了雨伞，因为我妈妈说这样的季节天气变化大，所以我就一直把伞放在书包里。

生：我会借老师的手机给我爸爸打个电话，让他来接我。

生：我只能在这里等雨小一点再走，应该没人来送伞。

师：为了帮助大家解决问题，今天老师给大家带来了十把雨伞，送给班级，而且老师还给这些伞取好了名字，叫"共享雨伞"。猜想一下，老师为什么要给这些伞取名叫"共享雨伞"呢？

生：这十把雨伞是我们班级的，人人都享有，所以叫"共享雨伞"。

生：共享的意思，就是共同享有。

师：你们都说得很好，找到了名字的关键所在。

共同分享，即与很多人一起使用或分享。现代社会是一个共享的社会。我们看，长沙的街道旁到处有共享单车，重庆的城市里有共享汽车，我们还经常可以看到共享充电宝、共享书店。大家知道为什么我们的生活中一下子就出现了这么多共享的东西吗？

生：我知道，是因为我们国家提出了共享的发展理念。

师：从你的回答中老师得到一个结论：你不是一个书呆子，而是一个关心时事的社会人。你说得很对，党的十八届五中全会提出了"创新、协调、绿色、开放、共享"的发展理念。那么，你们知道共享的本质是什么吗？

生：共同享有。

师：你只说对了三分之一。共享的本质是：人人参与，人人尽力，人人享有。比如说，我们学校里的环境卫生，如果我们人人参与环境卫生保护，轮流打扫，人人尽力做好环境保护，不乱丢乱扔，见到地上有垃圾，随手捡起，那我们人人都享有优美的学校环境。

接下来，老师想请大家结合自己的生活经历说说共享的本质，具体的方法就是用老师提供的这个模板，进行一个微写作。给大家3分钟的写作时间。

生：人人参与班级建设，重视班集体的荣誉，人人尽力做好自己的事情，不给班级抹黑，人人享有班级的荣誉。

【设计意图】从遇到的下雨缺伞的问题入手，导入共享概念，引导学生对社会生活进行观察和思考，理解共享的本质。

二、制定"伞规"

师：现在我们班已经有了十把共享雨伞，但是，有两个问题需要解决：1.共享雨伞只有十把，可班上很多人没带伞，借给谁呢？ 2.某个同学借走了共享雨伞，他不还怎么办？

生：为了便于管理，我们应该制定一个共享雨伞的管理制度出来，伞有"伞规"，借了当然要还。

师：你的建议很好，"伞有伞规"。比如说，优先把伞借给谁？如何保管好共享雨伞？请同学们分小组商讨一下，我们一起定下"伞规"。在制定"伞规"之前，老师建议，我们先推选两个人：第一个是书记员，他的职责就是真实地记录大家的发言；第二个就是伞长，共享雨伞需要有人专门管理，雨伞要摆放整齐。要选出一名伞长来全权负责这件事情。这两个岗位都是服务性的，采用自主报名的方式，有人自愿报名来干这两项工作吗？这也是一种人人尽力的表现。

生：我报名来当伞长。

生：我报名来当书记员。

师：好。现在已经确定好了伞长和书记员。接下来，就是分组讨论制定"伞规"。

生：我们组定了以下三条"伞规"：第一，借伞要优先路远的同学；第二，借伞要有登记，第一次借伞的优先；第三，如果将伞弄坏了要赔偿。

师：很好，接下来分享的同学注意两个问题：第一，如果你们组制定的制度跟之前分享的小组条款相同就不要再重复，只补充前面小组没有说到的条款就行；第二，如果你们对之前分享的小组制定的条款有反对意见，请提出来。

生：我们组有补充。第四，如果没有按时归还，取消借伞资格。

生：反对。这一条太残酷了。有时候临时有事，实在是不记得，我认为应该改为"如果两次没有按时归还，取消借伞资格"。

师：同学们，你们认为呢？

生：两次比较好。

生：我们组还定了一条：顺路的同学可以共伞回家。

生：我们组还补充了一个问题：如果外班的同学向我们借伞，借还是不借呢？我们的解决办法是：外班的同学可以借伞，不过得有本班同学担保。不然的话，可能会出现伞借出去了，可是借给了谁却没人知道。

师：好。外班同学借伞，需由本班同学做担保。

生：整理雨伞不应该是伞长一个人的事，应该大家轮流整理。

生：所有的伞都一样，就无法区分，到时候谁还了谁没还，根本看不出来。所以，每把伞上都得有个编号。

……

师：现在我们请书记员为我们读一读我们共同制定的"伞规"。

书记员：（1）借伞要优先路远的同学；（2）借伞要有登记，第一次借伞的优先；（3）顺路的两个人可以共伞；（4）弄坏雨伞要赔偿；（5）两次没有按时还伞，取消借伞资格；（6）全班同学轮流整理雨伞，雨伞要整齐地摆放；（7）外班的同学借伞，得有本班同学担保。

【设计意图】指导学生制定"伞规"，让学生感受到这个"伞规"就是他们自己制定的，人人参与了，接下来就是人人尽力，人人共享。

三、设计共享雨伞行动目标语

师：同学们，从今天起，我们班就有共享雨伞了，共享雨伞是一个新鲜事物，为了让更多的人了解这个事物，了解我们班的行动，有必要给它设计一句行动目标语。什么叫行动目标语？就是用一句话来代表我们这个行动想要达到的理想状态。

比如说华为的行动目标语：1.管理的第一个功课，就是先管好自己。2.心有多大，舞台就有多大。3.不学习的人，实际上在选择落后。

作为一个世界级的大公司，华为这样的目标语还有很多。我们的共享雨伞作为一个小项目，行动目标语一句就够了。为了使我们的行动目标语的写作更规范，老师给大家提几条写作建议：1.应该含有"共享雨伞"这四个字；2.为了方便传播，最好不超过20个字；3.言辞简洁，朗朗上口。

（学生分组撰写行动目标语。3分钟之后，每组派一个人上黑板书写本组的行动目标语。）

生：共享雨伞，方便你我出行。

生：共享雨伞，送你我回家。

生：共享雨伞，文明之花。

生：共享雨伞，携手同行。

师：每个组都精心设计了行动目标语，为了形成对外的统一宣传，我们需要从这些语句中选出一句能代表我们全班意愿的行动目标语。我们来集体投票吧。

［学生投票，书记员公布投票结果：1.共享雨伞，方便你我出行。（32票）2.共享雨伞，送你我回家。（21票）3.共享雨伞，文明之花。（26票）4.共享雨伞，携手同行。（45票）］

师：我宣布下结果：共享雨伞，携手同行，成为我们班的共享雨伞的行动目标语。

接下来，我们将要进行一个分组任务，那就是进行共享雨伞的文化设计，将全班同学分成十个小组，每一个小组负责一把雨伞，具体做好三件事情：

1.给每一把伞进行编号，用阿拉伯数字表示，第一组负责1号雨伞，依此类推。

2. 在每一把伞上写上我们的行动目标语。

3. 为了更好地解释目标语，在伞上画一个简单的图案，图文并茂。

（生分小组讨论，在纸上绘图。）

师：我看到了许多精彩的构图。我们请同学们来解读一下你们的设计吧！

生：我们组在伞上画的是彩虹，代表着雨过天晴。下面是两个小伙伴走在一起，有说有笑，手里拿着一把伞。下雨的时候，他们有共享雨伞，又有朋友相伴。

生：我们中间画的是一个爱心，代表着我们班是一个团结友爱的集体。四周围绕着翅膀，代表着我们的梦想从这里出发，也代表着习近平总书记所说的"中国梦"。

师：中国梦是我们每一个中国人的梦，让我们一起努力，实现我们共同的梦想。

生：我们组画的是一个小男孩撑着雨伞，看到前面另一个小男孩淋着雨，赶紧去追他，想要为他撑伞，并配上文字：共享雨伞，携手同行。

师：真棒！期待大家在以后的学习和生活中互帮互助，共同进步。

生：我们组的设计很简单。每一个面上都画了一道彩虹，讲究的是对称美。下面各有一个字，连在一起就是：共享雨伞，携手同行。虽然简单，但是我觉得我们组的设计整体上很美观，又很明确地表达了主题。

师：的确！你们的共享雨伞看上去很美观。

【设计理念】通过对共享雨伞行动目标语的设计以及分组负责每一把伞的文化设计，让学生更好地理解"人人参与，人人尽力，人人共享"的理念。

四、总结提升

师：人人参与，人人尽力，这样才能最终做到人人享有。今天，我们班有了共享雨伞，并且我们还制定了"伞规"，制定了我们的行动目标语，对每一把雨伞都进行了文化设计。在今后的生活中，希望大家能遵守"伞规"，用这共享雨伞去服务他人，携手同行。更重要的是，希望大家能将共享的思维运用到我们的学习和生活中，人人参与，人人尽力，人人享有，携手同行，一起来创造我们更加美好的生活，更加美好的未来。

【设计意图】总结提升，从共享雨伞开始，培养学习和生活中的共享理念。

第5节　这些事，我来做

湘潭县天易贵竹学校　盛芊

【班会背景】

五年级的学生对家务活并不陌生，基本上可以在生活上照顾自己，然而在实际家庭生活中，他们很少有参与家务劳动的机会，劳动观念淡薄，没有主动承担家务的责任意识。有些学生可以做稍有些技术含量的家务活，例如洗碗、洗衣服、叠被子、做饭等，但也仅仅是做过而已，并且会把做家务看作是帮助大人，并没有认识到做家务对自身有哪些好处，也没有认识到做家务是自己该做的事。本节班会课的目的，就是让学生认识家务劳动对自身成长的价值和意义，在现实生活中主动参与家务劳动。

适用年级：小学五年级。

【班会目标】

1. 认知提升：知晓什么是家务活，劳动对人成长的价值和意义。

2. 价值塑造：做家务劳动，会让我们的未来生活更美好，能让人变得心灵手巧。

3. 外化于行：在家里自觉做一些力所能及的家务劳动，提高劳动技能。

【班会准备】

1. 资源：芹菜，毛豆，六把雨伞，六件衣服，律动视频，视频《采访家长》《新闻——家务作业》《专家解答》，小伙伴录音1、2。

2. 思路：以"成长训练营"为主线，通过入营考验—选择生活区—寻找小搭档三个环节，层层剥笋，步步推进，让学生理解劳动的价值和意义，激发学生主动参与家务劳动的积极性。

一、律动操，导入新课

师：同学们，上课开始之前，我们一起来做一套律动操。

（播放律动视频，学生一起律动。）

师：相信聪明的你发现了，这些动作代表的是我们平时做的一些家务劳动，你们知道是哪些家务活吗？

生：洗碗、洗衣服、晒衣服。

生：拖地、扫地。

生：擦玻璃。

师：像这样在家庭生活中从事的劳动，我们都称为家务活。

【设计意图】将一些家务活的动作编排成一段舞蹈，吸引学生注意力，激发学生学习的兴趣。

二、入营大考验——展示交流，初知好处

师：同学们，再过两个月，令人期待的暑假就要来啦。各大旅游景点开始火热起来，各个青少年素质教育基地也向你们敞开了大门。这里有一个成长训练营的活动，你们想参加吗？

生：（齐声高喊）想。

师：不过想要参加这个训练营，还要有一定的资格，你们行不行呢？请看招募令！

（出示招募令并播放招募令的语音：因在青少年训练基地独立生活三天时间，营员将会接受种种考验，特此招募有一定家务活经验的同学入营。）

师：家务活，你们会做吗？你们平时经常做哪些家务活？

（板书：这些事，我会做。）

生：我会做饭、拖地、擦窗户、整理衣橱。

生：我会洗碗、洗衣服、倒垃圾，还会做蛋饼。

师：原来大家平时会做这么多家务活啊！那老师就不用担心啦，一起接受入营考验吧。

师：来看第一个考验。请选择一种家务活来展示。

要求：
1. 各组根据布置的任务，秀一秀自己的家务活。
2. 活动中，请小声交流。
3. 考验时间为3分钟，音乐停，表示时间到。

（将全班同学分为八组，桌上已经提前摆放好道具，其中两组孩子择芹菜，两组孩子剥毛豆，两组孩子分别叠三把雨伞，两组孩子分别整理三件衣服。）

师：考验完成得怎么样啊？请带着成果来到前面。这是大家的劳动成果。你们想点评哪个组？

生：整理书桌的那组做得好！桌面变得特别干净，看了让人心情都舒畅了。

生：叠雨伞的那组，把雨伞叠得很规整，看上去整整齐齐的。

生：剥毛豆的同学，一会儿工夫，剥了一大碗。

生：衣服叠得整整齐齐的，而且都摆放好了。

师：同学们摆得有序，剥得干净，叠得整齐，择得有方法，你们真能干！刚才，这些家务活，你们为什么做得这么好？下面进入考验二——复审交流站。有这样三个话题，请你们自由选择两个话题在小组内说一说。（出示话题）

话题一：我学做_____（家务活），我会做这项家务，是因为……

话题二：我把_____（家务活）做得又快又好的诀窍是……

话题三：我一直坚持做_____（家务活）的感受是……

生：我来交流第一个话题。我学做这项家务活是因为我常看到奶奶剥毛豆，奶奶眼睛不太好，我帮奶奶剥。

生：妈妈工作很忙，我学会擦鞋子，就帮妈妈节省时间了，妈妈也不用那么辛苦了。

师：你们特别懂事，担当起家庭的责任。（板书：担当责任。）

生：我来交流第二个话题。我把黄瓜削得又快又好的诀窍是我经常削，熟能生巧了。

生：我剥毛豆剥得快的诀窍是我先将毛豆放在水里煮上一会儿，然后，过滤一下，放在盆里，毛豆就可以直接挤出来了，非常方便。

师：是的，做家务要讲究方法。（板书：讲究方法。）

生：我一直坚持洗衣服的感受是能够帮助妈妈节省不少时间，妈妈就不用那么辛苦，我也特别有成就感。

生：我坚持自己叠衣服，感觉自己长大了，力所能及的事儿，我都能做了。

师：享受快乐，这样的劳动态度特别好。（板书：享受快乐。）

师：那平时的生活中，你们还坚持做哪些家务活？你们有什么收获？

生：我会帮奶奶种植花苗，让花圃变得更加美丽。

师：同学们收获真不少呢。恭喜大家！在成长训练营的资格审核中，你们顺利通过啦！

【设计意图】五年级的学生大多已具备一定的劳动技能，课堂上为孩子们提供展示的平台，通过小组合作的形式让孩子们展示自己学到的家务技能，让孩子建立能干好家务的自信。

三、选择生活区——思考探究，深明好处

师：瞧，大家的生活区域有两种：一种是自主生活区，条件简陋，自己烧饭，自己洗衣，自己料理自己的生活，每天收费30元。一种豪华舒适区，洗衣烧饭打扫卫生都有专人服务，每天200元。（出示图片）

师：老师事先做了一个调查发现：家长们均具有选择高档舒适区的购买力。那么，你们想选择哪一种生活区域呢？

生：我选自主生活区。

生：我要选豪华舒适区。

师：你选豪华舒适区的理由是什么呢？

生：豪华舒适区可以让我更好地放松自己。

师：那你为什么选择自主生活区？

生：我们自己照顾好自己，会很有成就感。

师：同学们的选择各有各的道理。哈佛大学曾经对孩子做不做家务活做了研究，结果是怎样的？一起来看看：

1. 未来更容易获得就业机会的是经常做家务的孩子。
2. 成年后，更容易获得良好人际关系的是经常做家务的孩子。
3. 爱干家务的孩子在成年后获得良好人际关系的可能性是普通人的三倍。
4. 爱干家务的孩子在成年后获得高收入的可能性是普通人的三倍。

师：哈佛大学的研究，告诉了我们什么？
生：会干家务活是踏入未来幸福生活的阶梯。
师：你总结得很好。综合大家的意见，我们可以得出这样的结论：做家务活，会让我们的未来生活更美好。（板书：美好未来。）
师：对于生活区域的选择，咱们家长怎么看呢？老师进行了一个随机的采访。（播放视频《采访家长》）
师：从家长的话中，你们明白了什么？
生：我们干家务活让家长更加放心，以后要多做家务活。
师：做家务活会让我们担当责任、讲究方法、享受快乐，拥有美好的未来。目前，家务活已经成为一些学校的一项特殊作业呢。你们看这则新闻。（播放视频《新闻——家务作业》）

在杭州的九莲小学，有一道特殊的作业，是布置给一二年级学生的，就是让孩子回家剥毛豆，很多孩子都已经剥了一个多月了。那么，为什么要布置一道这样的作业呢？

师：猜猜看，就剥毛豆这一项作业，会有什么好处呢？
生：我觉得应该会让我们的手指更加灵活，提高动手能力。
师：来看看专家怎么说。（播放视频《专家解答》）

小朋友由于手的力量比较弱，拿笔拿不住，握笔的时候，就会把笔往下方拉，这样一来，视线就被握笔的手挡住，学生只能歪过头来看写的字，长此以往，就会形成近视。让学生剥毛豆，可以锻炼小学生手部的小肌群，有助于他握笔的姿势正确，有矫正预防近视的作用。

师：你们有什么感受？
生：居然有这么多的好处，我以后也要多剥毛豆，多做点家务活。
师：干家务活，无论大小，都能让我们大有收获。还不止如此，科学研究表明，人的大脑中与手指相连的神经所占的面积较大，平时如果经常刺激这部分神经细胞，人脑会日益发达，达到心灵手巧。因此说，做家务劳动，会让我们变得心灵手巧。（板书：心灵手巧。）此时，我想问问刚才选择豪华舒适区的同学，你要改变选择吗？
生：我也选自主生活区。

【设计意图】教师引导学生通过交流、观看视频，明确做家务的意义和带来的好处，从而激发学生主动做家务的意愿和积极性。

四、寻找小搭档——讨论辨析，明理导行

师：选择好了生活区，有趣的挑战任务正等着咱们呢。看，一起采摘瓜果，一起生火炒菜，一起洗衣叠被。（出示图片）
师：搭档很重要。你们想选班上的谁做搭档呢？为什么？
生：我选小季，因为我知道她家务活做得好，我可以向她学习。
生：我选小魏。上次他过生日，我去他家玩，发现他自己叠被、自己收拾房间。我们的玩具，也是他收拾的，收拾得非常整齐。
师：看，这样的小伙伴，和你们刚才期待的，你们更愿意选哪个？理由是什么？（播放小伙伴录音1）

妈妈，快帮我洗校服吧，下周一还要穿呢。
爸爸，快把桌子擦擦，我要开始写作业了。
妈妈，帮我叠被子吧，我要去上学。

生：我不选他们，他们啥都不干，都是"小皇帝"。训练营里要是和他们合作的话，肯定会有许多不便和不愉快。

生：我也不选他们，他们不会做事，会拖大家的后腿。

师：总体来说，这样的小伙伴，大家是不太欣赏的。可是，这些小伙伴觉得很委屈，他们各有各的理由。我们继续来听一听。（播放小伙伴录音2）

每天回家都要看书、写作业，没时间做家务。

我家都是爸爸妈妈做家务，根本不需要我做。

天天干活，太累了。

师：你们能帮帮他们吗？请针对其中的一个观点，说说自己的想法。

生：爸爸妈妈和钟点工阿姨，都很辛苦的。我们应该体谅他们，分担家务活，也利于自己的成长。再说一家人一起劳动，还挺幸福的呢。

……

师：我感受到了你们对干家务活的喜欢和重视。相信听了你们的话，这些小伙伴以后也会积极地参与家务活。这样，大家都能找到更合适的搭档参加训练营了。

习近平总书记非常关心我们少年儿童的成长，在2018年的全国教育大会上，他指出：要在学生中弘扬劳动精神，教育引导学生崇尚劳动、尊重劳动，懂得劳动最光荣、劳动最崇高、劳动最伟大、劳动最美丽的道理。希望孩子们能听从习总书记的教导，积极主动地承担力所能及的家务，养成良好的劳动习惯，培养自己的责任意识，成就未来更优秀的自己。

希望大家从今天开始，就试着帮爸爸妈妈做些力所能及的家务活，可以把你的技能制作成一张张的技能卡，等爸爸妈妈回家的时候把你的技能卡当成小礼物送给他们，让他们有需要的时候使用技能卡来召唤你吧！

【设计意图】借助寻找小搭档这一活动，让学生明白，作为家中的成员，应该合理安排时间为父母分担，做个愿意主动承担家务劳动的好孩子。

第6节　垃圾分类减量，共建绿色家园

宁乡市玉潭街道实验小学　胡欣欣

【班会背景】

地球是我们赖以生存的家园，但随着社会经济的迅速发展和城市人口的高度集中，生活垃圾的产量正在逐步增加，我们的家园正在被垃圾包围，而垃圾处理不当已给地球带来巨大的环境问题。为了提高学生垃圾分类的意识，在实际生活中学会运用垃圾分类知识，并积极去践行，贡献自己个人的力量，特设计本节班会课。

适用年级：小学六年级。

【班会目标】

1. 认知提升：知晓生活垃圾处理不当的危害，知晓垃圾分类的方法。

2. 价值塑造：我们每个人的力量都很微薄，但是不能因为微薄就不去行动。垃圾分类，我做好一点，校园就更美一点，社会就更好一点。

3. 外化于行：不光自己当垃圾分类的小先锋，还带动身边的人一起来实践垃圾分类。

【班会准备】

1. 资源：音频《长沙市垃圾分类吉祥物绿宝和洁娃自我介绍》，视频《垃圾，放错位置的资源》《学生家庭垃圾分类》《可回收垃圾整理》《变废为宝》，垃圾分类卡片，四个类别的垃圾桶板贴，绿宝、洁娃卡通板贴，背景音乐。

2. 思路：整堂课围绕垃圾分类减量主题，开展评选小主播、小博士、小能手、小先锋四个体验活动，通过学生参与课堂活动，引导学生明白为什么要垃圾分类、如何垃圾分类，寓教于乐，并发出倡议，影响带动身边的人也行动起来，为环保尽自己的一份力量，人人都成为垃圾分类的践行者、传播者、宣传者。

一、谈话导入

师：垃圾分类，我做好一点，校园就更美一点，城市就更好一点。今天这节课，老师特别希望看到我们班的每个同学都能主动作为，为垃圾分类贡献个人力量。这节课主要是进行四个评选，评选什么呢？就是评选我们班的小主播、小博士、小能手、小先锋。今天跟我们一起参加活动的还有两个可爱的新朋友噢！他们就是绿宝和洁娃。（播放音频《长沙市垃圾分类吉祥物绿宝和洁娃自我介绍》）

【设计意图】开门见山地亮出观点：垃圾分类，我做好一点，校园就更美一点，社会就更好一点。然后通过四个评选活动激发学生的参与兴趣。

二、活动一：我是小主播

师：接下来开展第一个活动。班级广播站要选拔最优秀的播音员，为大家播报新闻。上课前，老师给各组发放了一段文字，请同学们在接下来一首歌的时间里认真练习稿件，并推选本组朗读最好的同学，代表本组参加活动！（播放背景音乐）

（学生认真练习稿件，推选代表依次上台播报，小主播播报新闻时同步播放课件中对应的图片与文字。）

师：我们班的小主播个个都很出众，为你们点赞。台下的同学们也听得很认真，老师想听听观众朋友们听完新闻的感受。

生：我被新闻稿中垃圾形成的"新大陆"深深震撼，没想到我们制造的垃圾竟然有这么多，不可思议！

生：我很担心海洋里的生物，看到图片中死亡的鱼类、鸟类肚子里全部都是塑料，很心疼它们，担心更多生物灭绝。

生：看完新闻，我很担心我喝的水，安全吗？水里有病毒吗？

生：垃圾燃烧污染空气，以后不能再随意燃烧垃圾了。

生：看完新闻，我很担心食品安全问题。

师：通过新闻，我们发现垃圾污染有哪些危害呢？

生：垃圾污染水源、污染空气、污染土地、污染食物……

师：是呀，同学们，你们担心的我也十分担心，随着经济的发展，人民生活的改善，城市垃圾大量增加，我们被垃圾包围了，垃圾处理已成为城市环境综合整治中的紧迫问题！垃圾污染我们的土地、水源、大气，最终都会变成我们每一个人呼吸的空气、饮用的水、摄入的食物，垃圾和我们每一个人的生活息息相关。面对如此严峻的现状，我们可以做些什么呢？

生：垃圾分类。

师：没错，这件事情已经非常紧迫了，需要我们立即行动起来。

师：祝贺四位同学，你们因精彩的演讲获得"优秀小主播"光荣称号。（给四位同学颁发"环保之星"胸章）

【设计意图】此环节是本课的重点。采用"评选小主播"的活动对学生进行知识渗透，让学生知晓各种垃圾污染对环境、对人类健康的严重影响，唤醒学生的垃圾分类意识。

三、活动二：谁是小博士

师：当然，同学们，什么事情都像硬币一样，有正反两面，垃圾其实也不是一无是处。你们知道吗，在环保专家看来，只有放错位置的资源，没有真正的垃圾。垃圾分类的最终目标是一个资源循环型的社会，不信，你们看老师带来的视频。（播放视频《垃圾，放错位置的资源》）

师：你瞧，我们做好垃圾分类可以缓解困局，可以给很多垃圾新生命，节约资源！那么，你知道什么是垃圾分类吗？具体怎么分呢？

生：垃圾分类是把垃圾按四个类别丢放，分别是可回收物、厨余垃圾、其他垃圾和有害垃圾，这样可以提高垃圾利用价值，减少对环境的污染。

师：你介绍得真好！是的，垃圾分类投放、分类收集、分类运输、分类处理，这样可以提高垃圾的资源价值和经济价值，减少环境污染，更好地保护我们的家园。绿宝和洁娃也等不及要给同学们介绍垃圾分类知识啦。

（课件播放绿宝和洁娃介绍垃圾分类知识的音频与文字，介绍可回收物、有害垃圾、厨余垃圾、其他垃圾的概念。）

师：同学们听清楚绿宝和洁娃的介绍了吗？接下来马上开展垃圾分类知识

竞答赛，获胜同学当选为"垃圾分类小博士"，请一位同学读本次竞赛规则。

生：（读规则）垃圾分类知识竞赛共分三轮：

第一轮小组分类赛：老师随机分发卡片，每个小组四张卡片，拿到卡片的同学依次上台放入对应的垃圾桶，分类正确者可得1分。

第二轮小组竞赛：电脑出示希沃课堂活动，限时35秒，抢答七个垃圾分类题目，各小组派一位代表参加，两人一组竞赛，答对几题得几分。

第三轮幸运转盘：电脑出示幸运转盘，每个小组派一位代表参加，转动转盘，取得题目，答对可得3分。

请各小组选好三轮代表参赛选手和本组记分员。

师：紧张的游戏开始了！

（学生游戏，课堂气氛活跃，遇到难题，老师适当解疑。）

第一关，老师将四个类别的垃圾桶板贴贴在黑板上，各小组轮流上台贴垃圾名称卡片，老师根据正误情况当场给分，并总结分析学生失误的原因。

第二关，森林运动会，看谁能第一个到达终点。采用希沃软件课堂活动中的判断对错组织游戏，老师根据正误情况当场给分，并总结分析学生失误的原因。

第三关，幸运转盘，每个小组派一位代表参加，老师根据正误情况当场给分，并总结分析学生失误的原因。

师：游戏结束，请各小组汇报得分情况。

（学生汇报得分情况。）

师：祝贺第二小组，你们获得"垃圾分类小博士"光荣称号。（给同学颁发"环保之星"胸章）

【设计意图】此环节是本课的亮点。通过三轮竞赛活动，对学生进行垃圾分类知识的强化和勘误，在游戏中教学，寓教于乐。

四、活动三：我们都是小能手

师：垃圾除了要分类，更要减量，除了掌握书本上的知识，还要在生活中实践，我们实验小学的同学在垃圾分类、减量上有妙招，一起来看看吧！（播

放视频《学生家庭垃圾分类》《可回收垃圾整理》)

还有很多精美的变废为宝的作品喔,相信你们也有绿色生活的小妙招,一起来争当垃圾分类减量小能手吧!(展示DIY环保手工和视频《变废为宝》)

生:我奶奶常常把喝完的矿泉水瓶留下来,装自己家做的剁辣椒很方便。

生:我妈妈把吃过的玻璃罐头保留下来,美化后可以种多肉植物,很漂亮。

生:我们家习惯用洗菜剩下的水拖地,拖完地后再冲厕所。淘米的水可以用来洗碗,不用洗洁精也可以洗得很干净,这样既节约用水,还节约洗洁精,吃得环保,也避免洗洁精污染水资源!

生:爸爸说用茶叶渣可以净化室内空气。把茶叶渣脱水沥干后,放置在散发异味的空间,隔上一段时间后即可消除异味,还能让房子、厨房散发茶叶的淡淡清香。

师:嗯,好方法!提醒同学们,茶叶渣属于易腐垃圾。注意沥干水分后再进行分类投放哦!真不错!为你们的好方法点赞!

生:老师,我也带来了一个自己做的手工笔筒,想给大家看看。

师:哇,很漂亮,原本一个要被丢弃的塑料罐,在你的装饰下成为了一个笔筒,你赋予了它新生命!我知道还有很多同学想说说自己的好点子。是的,我们用双眼寻找,双手改造,一定能让垃圾除了丢弃,还有更多的用处,这样我们也就实现了垃圾的减量!

生:我的爸爸十分节省,衣服鞋袜买得不多,只要能穿就不买新的,尽量少买,这样就能少制造垃圾!

生:我的妈妈特别爱买衣服,不喜欢的衣服都会清洗干净包装后捐献给灾区,或者一些公益机构,给有需要的人。

师:是的,节约资源,资源循环利用,祝贺你们,你们都是垃圾分类的小能手。(分别赠送胸章)

【设计意图】学生具体学习、分享生活中垃圾分类的小技巧、小妙招、小方法,寻找身边好典范,争当小能手。

五、活动四：垃圾分类我先行，人人争当小先锋

师：做好垃圾分类，除了我们，还关系到身边的每一位居民，不光我们当小先锋，还要带动身边的人一起做，请同学们一起进行头脑风暴，一起共同完善《垃圾分类减量，共建绿色家园》的倡议书，四人小组合作！

垃圾分类减量，共建绿色家园

倡议书

同学们：

为了保护我们的家园，改善我们的生活环境，垃圾分类需要大家真正地亲身参与，因此我向大家提出倡议：

共建绿色家园，从正确的垃圾分类、投放垃圾开始，让我们行动起来吧！

倡议人：×××

2024 年 3 月 18 日

（各组上台展示完善后的倡议书。）

师：今天的活动真有意义，希望同学们把倡议书带回家，至少影响带动你身边的一个人开始行动。"我们每个人的力量都很微薄，但是不能因为微薄就不去行动。垃圾分类，我做好一点，校园就更美一点，社会就更好一点。"来，我们一起把这一段话齐读一遍。（生齐读）

师：同学们，让每个人都成为垃圾分类的实践者、行动者、宣传者、传播者，让我们的家园更漂亮、清洁和清爽！

【设计意图】对学生进行价值塑造：我们每个人的力量都很微薄，但是不能因为微薄就不去行动。垃圾分类，我做好一点，校园就更美一点，社会就更好一点。

第 7 节　说好普通话，做自信中国人

宁乡市玉潭街道实验小学　黄莹

【班会背景】

普通话是我们的共同语言，融合了中华民族几千年来的发展智慧。作为新时代的小学生，应该要具备强烈的民族自豪感和认同感，坚定文化自信，认识到说好普通话是每个中国人的责任，也是每个中国人的骄傲。本着这个目的，特设计本节班会课。

适用年级：小学五年级

【班会目标】

1. 认知提升：了解普通话的发展历程，认识到说好普通话的重要性。
2. 价值塑造：说好普通话，是我们的责任，也是我们的骄傲。
3. 外化于行：在学习、生活中，说好普通话，做自信中国娃。

【班会准备】

1. 资源：视频《普通话的"前世今生"》《汉语桥世界大学生中文比赛》，音频《普通话推广大使招募令第一关》《普通话推广大使招募令第二关》，《中国话》MV，背景音乐。

2. 思路：根据高年级学生的年龄特点，通过全班交流和招募"普通话推广大使"等活动，让学生了解普通话的发展历程，认识到说好普通话的重要性：有利于各民族之间的交流，有利于维护国家统一和民族团结，也是文化传承的需要。

一、游戏导入，了解普通话的"前世今生"

师：我们先来玩个小游戏——"趣味绕口令"。给大家 1 分钟时间准备。（课件出示绕口令）

《扁担和板凳》：板凳宽，扁担长，板凳比扁担宽，扁担比板凳长，扁担要绑在板凳上，板凳不让扁担绑在板凳上，扁担偏要绑在板凳上。

（学生练习，然后分别请三位学生挑战说绕口令，老师适当点评。）

师：这就是语言的精妙之处，经常练习绕口令可以让我们发音更准确。说到语言，老师想考考你们，你们知道世界上使用人数最多的语言是什么吗？

生：汉语。

师：没错，世界上使用人数最多的语言就是汉语了。汉语又称中国话、中文、普通话，是中国的官方语言，它拥有15亿以上使用者。那你们知道，世界上效率最高的语言又是什么吗？

生：英语？

生：汉语。

师：没错，就是汉语。这可是有科学依据的，不信我们一起来验证。我们二年级开始背乘法口诀，你们是怎么背的？

生：一一得一，一二得二，二二得四……

师：真好，你们知道英语怎么背乘法口诀吗？请看（课件出示英文版乘法口诀）：one times one is one, one times two is two…

师：你背到九九八十一，可能英国的小孩顶多背到七七四十九。我们再来看看2016年联合国工作报告。（课件出示六种不同语言的版本长度）

师：现在再来看到这两个"最"，你们有没有什么想说的？

（课件出示：使用人数最多的语言——汉语。最简练的语言——汉语。）

生：原来世界上这么多人说汉语。

生：我今天才知道，汉语是全世界效率最高的语言。

生：汉语太牛了，中国人真是太聪明了。

师：我发现很多同学心中已经升腾起一股强烈的自豪感。关于普通话，人们是怎样定义的？（请学生朗读）

普通话，即标准汉语。普通话是中国不同民族间进行沟通交流的通用语言，以北京语音为标准音，以北方话为基础方言，以典范的现代白话文著作为语法规范。

师：普通话并不是一开始就存在，它经历了一个漫长又曲折的发展过程。让我们时空穿越，回到百年前的中国，去了解普通话的发展历程。（播放视频《普通话的"前世今生"》）

【设计意图】游戏导入，激发学生的学习兴趣，然后通过对"使用人数最多的语言""效率最高的语言"谈看法，激发起学生的民族自豪感。

二、走近普通话，明确推普的重要性

师：看完视频，你们能结合事例说说我们为什么要讲好普通话吗？同桌之间互相说一说。

（同桌自由交流。）

师：谁来说说自己的看法？

生：中国有 56 个民族，是一个多民族、多语言、多方言国家，统一说普通话更方便各区域人民的交流。

生：一个南方人和一个北方人谈生意，没有共同语言的话，完全沟通不了。

师：是的，一种语言，最基本的功能一定是交流。（板书：交流。）

生：一个国家的人民，肯定要有一种共同的语言，因为我们是一个整体。

师：你的意思是，共同的语言能让我们产生更强烈的认同感，能让人们紧紧团结在一起。（板书：团结。）

生：我觉得说好普通话对我们以后找工作有帮助。

生：尤其是如果想当主持人，更应该说好普通话。

生：如果不会普通话，可能很多优秀的文化就没法继续传承下去。

师：我特别喜欢你说的这个词语——"传承"，五千多年的文明史主要是由汉语写成的，如果不会普通话，文明就会难以为继。（板书：传承。）

师：党的十八大以来，习近平总书记曾多次在中央民族工作会议上强调，要推广普及国家通用语言文字。为了大力推广普通话，国家还推出了推广普通话的方针——"大力推行，积极普及，逐渐提高"，并取得了显著的效果。

师：近年来，中文在世界的影响力越来越大，越来越多的外国人也开始学普通话。看，"汉语热"在海外持续升温，有 180 多个国家和地区正开展中文教

育，在国外已有 2500 多万人在学习中文。（课件出示图片）

师：中文成为了俄罗斯高考科目。（课件出示图片）

师：这是汉语桥世界大学生中文比赛。（播放视频《汉语桥世界大学生中文比赛》）

【设计意图】通过观看视频、同学交流等多种形式，认识到说好普通话的重要作用：交流，团结，传承。

三、活动体验，寻找"普通话推广大使"

师：为了让优秀的汉语言文化更加大放异彩，普通话推广协会准备在我们班招募"普通话推广大使"，我们来看看有些什么要求。

（播放音频《普通话推广大使招募令第一关》。）

招募令

汉语融合着中华民族几千年发展的智慧，传承着优秀的传统文化，为了让汉语言文化更加大放异彩，普通话推广协会将在我们班招募"普通话推广大使"。

第一关："普通话知多少"知识竞赛。

（出示"普通话知多少"知识竞赛题，学生抢答。）

普通话知识竞赛

1. 普通话是以（　　）语音为标准音，以（　　）为基础方言，以典范的现代白话文著作为语法规范的现代汉民族共同语，是国家的通用语言。

　　A. 北京　北方话　　　　B. 广东　南方话

2. 普通话水平测试以什么方式进行？

　　A. 笔试　　　　　　　　B. 口试

3. 轻声是一种音变现象，它的发音特点是（　　　　）。

4. "汉语"的名称，始于哪个朝代？

　　A. 汉代　　　　　　　　B. 清朝

5. 明清时期的汉民族共同语叫作"官话",民国时期的汉民族共同语叫作"国语",新中国成立后,"国语"改名为(　　　　)。

6. 我国周边哪些国家曾经使用汉字?

7. 语言美是文明礼貌的一个重要标志,作为学生,我们不仅要说好普通话,还要能正确使用礼貌用语。请你说出三句礼貌用语。

8. 请你说出至少三条推广普通话的好处。

(参考答案:1. A;2. B;3. 轻而短;4. A;5. 普通话;6. 日本、韩国等;7—8. 略。)

(播放音频《普通话推广大使招募令第二关》。)

恭喜同学们通过第一关,从同学们身上,我看到了"自信中国娃"的风采。

学好普通话,是每个中国人的责任;用好普通话,是每个中国人的骄傲。欢迎大家来到第二关:我是"普通话推广大使"。

请同学们四个人为一组,小组成员共同熟悉推广词,并推选一位声音洪亮、普通话标准的组员进行展示。

(小组交流、练习朗读。音乐停,小组代表上台展示。)

师:下面欢迎我们班的"普通话推广大使"。

生:大家好,我是"普通话推广大使"×××。中国是一个历史悠久的民族,在五千多年的历史长河中,汉字的文化源远流长,博大精深。在浩瀚的历史长河中,语言文字一直伴随着国家的发展与人类的进步,它是一代代智慧的结晶,是我们中华民族的象征,更是我们每一位中华儿女的骄傲!所以我们都要说好普通话,做自信中国人。

生:大家好,我是"普通话推广大使"×××。有一种声音穿过春天,比百灵鸟的歌声更动人;有一种声音越过夏夜,比百花绽放的弦音更迷人。它是最美的语言——普通话,字正腔圆,掷地有声。

生:大家好!我是"普通话推广大使"×××。有一种文字从远古走来,把自己演变得多彩多姿;有一种文字形美如画,彰显出自己正直而高尚的品格。

它就是世界上最美的文字——汉字，方方正正，错落有致。

……

师：你们都是当之无愧的"普通话推广大使"，当我们讲一口标准的普通话时，那些音符，那些节奏，似乎都在和我们的血脉一起跳动。让我们把我们的骄傲和自豪，都融入到这首歌中。（播放《中国话》MV，学生跟唱。）

师：从孩子们身上，我已经充分感受到了"自信中国娃"的风采！希望在今后的学习、生活中，同学们都能——

生：（齐颂）说好普通话，做自信中国人！

【设计理念】通过普通话知识竞赛，让学生了解普通话基本知识；通过寻找"普通话推广大使"活动，让学生在朗读中体会作为一个中国人的自豪感。最后，希望孩子们能外化于行，说好普通话，做自信中国人。

第8节　从小负责任

宁乡市南雅蓝月谷学校　付静

【班会背景】

责任感是一种行为习惯，也是一种精神状态，指引人学会做人，学会做事。在社会生活中，责商比智商和情商更重要，教育的责任，就是要教学生学会做人，懂得负责任。这一个学期，我发现班上有一些学生，以自我为中心，具体表现为在家人面前我行我素，对待集体的事务敷衍塞责。为了切实提高学生的责任感，特设计了本节班会课，增强学生的责任意识，学会对自己、对家庭、对集体与社会负责。

适用年级：小学五年级。

【班会目标】

1. 认知提升：知晓什么是责任，在学习和生活中怎样负责任。

2. 价值塑造：责任心是做好每一件事的基础，它让我们生活在一个有爱、有序的集体中，做更好的自己。

3. 外化于行：在校园、家庭、社会等环境中主动承担责任，做好自己该做的事，做错了事则尽力弥补自己的过错。

【班会准备】

1. 资源：音乐《少年中国说》《蓝精灵》，视频《那小孩透露出一股能扛事的感觉》，三把卡纸打印的彩色小伞，蓝精灵卡纸人物，学习单，红纸，铅笔和红色水彩笔，责任打卡牌。

2. 思路：本课虚拟一个责任小学，以开展"新时代好少年"评选活动为主线，通过"投票、制作大红花、好习惯分类、责任打卡"四个任务进行串联，引导学生认识什么是责任，怎样负责任。

一、游戏导入，说责任

师：同学们，上午好！这节班会课，陪老师一起来到课堂的还有一位可爱的小伙伴——蓝精灵（出示蓝精灵卡纸人物），它想邀请大家玩个"送小伞"的游戏，一起来加入吧！

（播放录音：嗨喽，小朋友们好！请听清楚游戏规则——音乐起，请你们依次把我传递，音乐停时我在谁那，老师将送一把漂亮的小伞给你，然后继续开始下一轮游戏。得到小伞的同学，你的责任就是保管好小伞，不能让它受到污损哦！）

师：大家准备好了吗？游戏开始啦！

（音乐《蓝精灵》响起，教师根据音乐停时蓝精灵停留的位置，依次送给三位同学各一把卡纸打印的小伞，帮其贴在左胸前。音乐结束时，把蓝精灵卡纸人物收上来。）

师：非常感谢孩子们，蓝精灵和大家玩得很开心，现在，咱们就带着它一起进入今天的学习之旅吧！

（将蓝精灵卡纸人物形象贴在黑板上当板书装饰，学生齐读课题：从小负责任。）

【设计意图】 设计让三位学生保管好小伞的活动，为最后课堂小结的板书做铺垫。

二、评选投票，识责任

任务："好少年，我来评"。

师：近日，责任小学要评选出一名"新时代好少年"来参加市里的评选，这里有两位候选人，如果要你投票，你会选谁呢？请结合事例简单说说理由。先请两位同学来读读两位候选人的事迹报道：

案例1：一天，学校紧急通知家长接孩子回家，负责当天值日的刘恒大同学一个人留到最后，打扫、整理好教室后才默默离开。

案例2：易实验是一年级的一位男生，下课玩耍时撞到女同学使对方手臂受伤。看到同学一只手不方便，为了弥补过错，他每天早早等在校门口帮她拎书包，放学帮忙整理。

师：现在，请你拿出学习单，看到任务单（一），请你在赞成的同学名字下画圈，在不赞成的同学名字下画叉，每张选票赞成票只能投给一人，否则无效。请你开始投票吧！

生：我投的是刘恒大同学，因为他是值日生，很负责。

生：我把票投给了易实验，因为他犯了错误后，敢于承担，想用自己的方式去弥补过错，他也很了不起。

师：作为值日生，打扫教室是分内的事，他做好了自己该做的事，值得我们称赞。（板书：责任，就是做好自己应该做的事。）

师：小男孩知错就改，并用自己的方式向同学表达了歉意，也很负责。（板书：责任，就是尽力弥补自己的过错。）

【设计意图】结合身边的具体实例进行投票选举，让学生更直观地感受什么是责任。"新时代好少年"评选活动的设计贯穿整个活动，更具情景感。

三、红花涂画，明责任

任务："大红花，我来画"。

师：为了给表彰活动做准备，责任小学的大队辅导员把制作大红花的光荣任务交给了我们班，现在啊，老师想请同学们在铅笔和红色彩笔中任选一种，在下发的红纸上画一朵最简单的小花简笔画。（师巡视并观察）

师：请说说你为什么用红笔画。

生：红花的颜色是红的，用红色画色彩更搭一些。

生：红色画出来漂亮一些。

师：孩子们，刚刚你们都提到了"漂亮"二字，说明你们都想把红花的简笔画画好，你们都想把老师交待给你的事做好。

师：你能告诉老师你用铅笔的理由吗？

生：没画好的话还可以擦掉重新画。

生：铅笔画起来比较浅。

师：用铅笔，说明你想把它画得最完美，看来，你也明白了什么是责任。责任，就是把自己该做的事情尽量做得最好。

【设计意图】为"新时代好少年"评选活动制作大红花的活动，让学生再次通过自我体验明白什么是责任。

四、做好小事，担责任

任务："好习惯，小分类"。

师：责任，无处不在。在评选"新时代好少年"期间，责任小学号召同学们向优秀学习，致力于培养大家的"六好习惯"。作为一名小学生，我们到底该怎么做呢？老师想请两位同学上台来，将下面各项责任分类到责任小学的"责任公示栏"的对应位置。

（学习、文明、运动、安全、卫生、生活六个标签写在希沃分类游戏中。）

1. 节约粮食，不带东西出食堂。
2. 积极参加跳绳运动，强身健体。
3. 不随意追赶奔跑。
4. 将操场上的垃圾捡起来。
5. 认真听讲、积极思考。

6. 见到老师和外来人员礼貌问好。

师：小小"责任公示栏"，远远装不下我们满满的责任心。现在，请同学们以"六好习惯"为例，和同桌讨论下在校你还可以承担哪些责任。

生：在学习上，我认为不迟到早退，做好课前准备也是我的责任。

生：文明方面，我们要做到不说脏痞话，不给同学取绰号、不顶撞老师等。

生：运动时集合我们应该队伍整齐，做到快、静、齐。

生：不随地吐痰，便后要洗手。

生：对别人安全负责，我们不能玩危险游戏。

……

师：除了在校做个好学生，你觉得你还有没有其他责任呢？比如说，我们在家要怎么做呢？

生：多帮爸爸妈妈做家务。

生：自己的房间自己整理。

师：同学们都很懂事，希望你们在家做个好孩子。老师还想问问，在社会上，你可以献出一份力量的事又有哪些？

生：当志愿者宣传保护环境。

生：去敬老院慰问老人家。

……

师：做一个负责的孩子，总是令人感动的。下面，请同学们看一个视频，说说你觉得我们该怎样去负责任。（播放视频《那小孩透露出一股能扛事的感觉》）

生：从很小的时候就要负责任。

生：主动去帮助别人。

师：（小结）身份不同，我们的责任也有所不同，同学们说的责任心都体现在很小的事情上，却常常也是我们最容易忽略的。做一个负责任的孩子，需要我们从小处着手，会主动承担。（板书：从小处着手会主动承担。）

【设计意图】联系"新时代好少年"评选的情境，设计希沃分类小游戏，让学生在"六好习惯"的引导下细化在校责任，同时对在家庭和社会中要承担的责任进行拓展延伸。通过看视频启发学生：责任需要从小处着手并主动承担。

五、活动打卡，履责任

任务："负责任，我能行"。

师：前面我们知道了，责任小学对"新时代好少年"的评选活动十分重视，这不，他们还在校园里立了一个责任打卡牌（拿出责任打卡牌），你们也想去打卡吗？请你根据学习单的提示填好内容，完成这次责任打卡展示吧！

（指名学生上台展示，念出学习单上的文字。）

我的岗位是_____（学生、班长、中队长、纪律委员等），主要责任是_____，我要争做"新时代好少年"，努力做到_____。

师：（小结）班干部们有自己的职责，其余同学也有自己该做的事。我们不仅对他人负责任，也要对自己负责任。

师：说到这，老师想和你们分享几张照片：这个女孩叫"米米"，因为先天性疾病，她坐着轮椅长大，但她积极乐观，爱画画、爱唱歌，从未因为特殊情况放弃过自己的学习。她就是我们身边对自己的学习负责任的榜样。

师：责任，不一定要做出惊天动地的壮举，现在，老师想问问几个上课初得到小伞的孩子，你们的伞还在吗？

（学生上交小伞。）

师：你们都是责任心特强的孩子，我们一起把小伞贴到黑板上来吧。

（协助三位在课初游戏中得到小伞的同学贴好小伞，作为板书装饰。）

师：（总结）责任心是做好每一件事的基础，它让我们生活在一个有爱、有序的集体中，做更好的自己。

（生齐读上面这段话。）

师：习爷爷寄语我们，从小学先锋，长大做先锋，努力成长为能够担当民族复兴大任的时代新人！你们都是新时代的好少年，希望你们都能从小知责任，且负责任（板书：知责任，负责任），都能像蓝精灵那样自信、勇敢，从小负责任，一起向未来！

（音乐《少年中国说》响起。）

【设计意图】与课初热身小游戏相呼应，收回让学生代替保管的小伞进行板书装饰，肯定孩子们身上体现出的责任心。对学生进行价值塑造：责任心是做好每一件事的基础，它让我们生活在一个有爱、有序的集体中，做更好的自己。

第9节　保护视力，预防近视

宁乡市玉潭街道实验小学　黄莹

【班会背景】

眼睛是心灵的窗户，拥有一双明亮的眼睛非常重要。可是我发现，由于平时孩子们课业负担重，还有的孩子沉迷于电子产品，体育锻炼不足，或者用眼姿势不对等，近视的孩子越来越多，而且越来越低龄化。为了让孩子们认识到保护视力的重要性，并在平时生活中注意自己的用眼习惯，设计本节主题班会。

适用年级：小学六年级。

【班会目标】

1. 认知提升：认识到预防近视，保护视力的重要性。

2. 价值塑造：拥有清澈明亮的双眼，世界才会更美丽。

3. 外化于行：在生活中当好护眼小标兵。

【班会准备】

1. 资源：游戏"眼力大考验"，视频《小航的故事》《眼肌训练操》，音乐《光明的未来》。

2. 思路：通过小航因为近视不能实现自己航天梦想的故事，让学生认识到保护视力的重要性，唤醒学生的护眼意识，采用游戏、观看视频、做眼保健操等体验活动，引导学生积累生活中保护视力的方法。

一、了解近视的危害

师：孩子们，今天我们来玩一个"眼力大考验"的游戏。（出示数字图片，一大片的数字8中，藏有一个数字6。）请在图片中找出不同的数字。如果你找到了，请不要出声，举手示意。

（生纷纷举手，师点生回答。）

生：不同的数字是6。

师：你们都找到了？那我要加大难度了，请你们认真观察下面的图片，至少找出三处不同。

（出示"找不同"图片，学生认真观察，上台指出图片中的不同之处。）

师：看来我们班的孩子都是火眼金睛。你们看看，这些照片又有什么共同点？（出示不同戴眼镜图片）

生：这些人都戴了眼镜。

师：近视在我们生活中越来越普遍了，你身边有没有近视的家人或朋友？

生：我的爸爸近视了。

生：我姐姐近视戴上了眼镜。

生：我的同桌戴上了眼镜。

生：我自己这学期戴上了眼镜……

师：我们身边或多或少都有一些近视的朋友。你知道近视会给生活带来哪些不便吗？同桌之间互相说一说吧。

（学生自由交流。）

生：近视了坐在后面看不清楚黑板。

生：戴着口罩的时候，眼镜会起雾。

生：跑步的时候，戴着眼镜特别不方便，有次我跑步还差点把眼镜掉下来踩碎了。

生：我有次去吃早餐，眼镜起雾了，完全看不清，错把辣酱当成醋放在面条里了。

……

师：近视给我们的生活带来了许多麻烦，但它带来的远远不止这些。我们一起来看看小航的故事。（播放视频《小航的故事》）

小航从小的梦想是当一名宇航员，父亲说，只要好好读书，锻炼身体，就可以实现梦想。小航努力读书，取得了好成绩，爸爸妈妈奖励他一台平板电脑。小航经常使用平板电脑到深夜，后来就戴上了眼镜。在报考中国航空航天大学的时候，他遭遇了体检不合格。小航很无奈，在此之前，没有人告诉过他，要保护眼睛。

师：小航的航天梦为什么没有实现？
生：因为他近视了。
师：看完这个故事，你有什么感受？
生：近视会影响我们以后的职业。
生：我觉得保护视力太重要了。
生：为了以后能够实现自己的梦想，我们要好好保护自己的眼睛。
生：虽然我已经近视了，但是我还是要好好保护视力，让视力不再继续下降……

师：是啊！视力不光影响我们的健康与生活，还会影响我们的升学与就业。所以我们要保护视力，预防近视。

（板书课题：保护视力，预防近视。）

【设计意图】让学生通过身边的事例和小航的故事，感受到近视给生活带来的不便和对未来的影响，从而认识到保护视力的重要性。

二、寻找近视原因

师：如果时光可以倒流，我们能不能帮助小航，让他有机会实现自己的航天梦？我们一起穿越回小航的小时候，去看看小航的一天吧！

（课件出示"小航的一天"，请一名学生讲述。）

早上坐公交车时，我拿出了昨天借的故事书。
数学课，我们在认真做题。
下午回到家，我用平板学习了三个小时航模知识。
吃完晚饭，我在灯下学习。
不知不觉就晚上11点了……

师：看到小航一天的活动，你想对小航说什么？

生：我想告诉小航，不要在公交车上看书。

生：我想对小航说，不能在灯光昏暗的时候看书。

生：我要赶紧告诉小航，写字姿势要注意。

生：小航，不要看那么久的平板，那样很容易近视。

生：我还想告诉小航，晚上要早点休息，这样眼睛才能得到休息。

师：谢谢你们，你们的建议特别重要！可是，小航的现象可能每天也发生在我们自己身边，你们知道生活中还有哪些行为也会导致视力下降？

生：我知道经常看电视玩手机会导致视力下降。

生：走路看书会影响视力。

生：平时挑食的话也会对视力有影响。

生：躺在床上看书可能会导致近视。

……

【设计意图】让学生通过观察"小航的一天"，寻找小航近视的原因；同时回想生活中不爱护眼睛的行为，了解其他导致近视的原因。

三、如何保护眼睛

师：知道了近视的原因，我们在生活中应该怎么做呢？接下来我们进行"护眼知识大比拼"！

全班同学分成 A、B 两组，交流自己知道的护眼知识。"护眼知识大比拼"时，采取护眼知识接龙形式：A 组同学要说出"保护视力我能做"的行为；B 组同学负责说出"保护视力不能做"的行为。（准备时间 3 分钟）

师：时间到，"护眼知识大比拼"正式开始！

A 组：我们看书写字要保持好的坐姿。

B 组：走路、坐车不能看书。

A 组：每天保持 2 小时户外活动能有效预防近视。

B 组：不能长时间看电子产品。

A 组：每天认真做眼保健操能缓解眼睛疲劳。

B组：不能一直揉眼睛。

A组：经常看绿色植物能让眼睛休息。

B组：不能在光线太强或太暗的地方看书。

……

师：看来我们班孩子都是护眼知识小达人。我把大家的护眼方法整理成了一份护眼清单，看看你做到了几条。

护眼清单：

1. 我每次近距离用眼40分钟就会休息5～10分钟。
2. 我平时的读写姿势注意了"三个一"。
3. 我不在阳光强烈的地方看书或写字。
4. 我乘车或走路不看书。
5. 我每天认真做眼保健操。
6. 课间休息时我经常向远处眺望。
7. 我不挑食。
8. 我每天保持规律的作息。
9. 我尽量每天保持2小时户外活动时间。
10. 我定期进行视力检查。

我做到了（　　）条，还需在（　　）方面多多注意。

生：我做到了7条，我还需要在用眼时间方面多多注意。

生：我做到了8条，我以后要多注意用眼姿势。

生：我也做到了8条，我需要加强体育锻炼。

生：我做到了9条，我以后要认真做眼保健操。

生：我做到了6条，以后我要多进行体育锻炼，还要注意不挑食，保持好的生活习惯。

……

【设计意图】通过"护眼知识大比拼"，在小组竞赛中交流积累保护视力的方法，然后对照"护眼清单"，明确自己今后需在哪些方面多多注意。

四、争做护眼小标兵

师：爱护眼睛，要从生活中做起，从点滴做起。护眼小精灵燕子也给我们带来了好玩的护眼小游戏，快来一起"转转小眼睛"吧！（播放视频《眼肌训练操》）

请同学们身子不动，跟随小燕子飞行轨迹转动眼睛，锻炼眼肌。

师：护眼小精灵给我们带来了好玩的眼肌训练操，它还想到我们班上寻找"眼保健操小标兵"呢！

寻找"眼保健操小标兵"：

每个小组分发一节眼保健操穴位按揉方法。

学生认识相应穴位，并按照眼保健操操作要点，四人一组认真练习。小组之间互相指导，纠正动作。

眼保健操注意事项：

1. 保持手的清洁、卫生。
2. 做操时，全身放松，注意力要集中。
3. 揉按时，对准穴位。
4. 揉按时，各穴有轻微酸胀感为准确。

（学生对照穴位图，分小组练习。分组上台展示，组内一人说操作要点，一人示范，两人检查下面同学的动作并指导纠正。）

师：希望人人都能成为"眼保健操小标兵"，保护好我们的眼睛。其实近年来，随着青少年近视越来越多，视力问题也引起了国家和社会的广泛关注。

我国把每年 6 月 6 日定为"全国爱眼日"，旨在提醒青少年爱护眼睛。

2018 年，习近平总书记作出重要批示，号召全社会都要行动起来，共同呵护好孩子的眼睛，让他们拥有一个光明的未来。

还有的学校，为了让孩子们多看绿色，在校园内放置了小松鼠。

师：希望在我们的共同努力下，大家都能保护好自己的视力。孩子们，让我们一起大声告诉自己："拥有清澈明亮的双眼，世界才会更美丽。"

师：希望大家都把自己的决心和学到的方法落实到自己的行动中，自己时时注意，同学互相提醒。愿同学们都拥有好视力和光明的未来！（《光明的未来》音乐响起）

【设计意图】通过寻找"眼保健操小标兵"，让学生认真对照穴位做好眼保健操，并了解到国家和社会都很关注青少年的视力问题，保护视力需要从我们自己做起，从点滴做起。

第10节　无需提醒的自觉

湘潭县天易贵竹学校　齐浪　蔡婷

【班会背景】

随着年龄增长，六年级的孩子自我意识越来越强，心理在悄悄地发生着变化。有的学生自以为长大了，开始反抗家长、反感老师的教诲，而自身的约束力又差，可能存在上学迟到、上课说话、课下抄作业、随手乱扔垃圾、逃避值日等现象，于是决定开展一次有关自觉的班会。

适用年级：小学六年级。

【班会目标】

1. 认知提升：知晓什么是无人提醒的自觉，理解自觉养成三步法的操作方法。
2. 价值塑造：无需提醒的自觉是最好的修养。
3. 外化于行：将学到的养成自觉习惯的方法，运用到自己的生活中，做一个自觉的人。

【班会准备】

1. 资源：学习单，视频《什么是自觉》《"百米飞人"苏炳添》，课件。
2. 思路：本课采用是什么、为什么、怎么做的论证思路，引导学生一起认识什么是无需提醒的自觉，无需提醒的自觉的价值和意义，以及我们在学习和生活中怎么做到无需提醒的自觉，激发孩子们的上进心，学会在学习和生活中做一个自觉的人。

一、创设情境、引入主题

师：同学们，老师这里有一组图片，请你仔细观察，你更喜欢在哪里上车？（出示车站排队和不排队的图片）

生：我更喜欢自觉排队的这里。

师：你们呢？

生：我们也更喜欢自觉排队的这里。

师：是的，我们更愿意加入自觉排队的队伍。今天这节课，我们就来交流交流自觉的话题。来，一起读一读。（板书课题：无需提醒的自觉。学生齐读课题。）

师：什么是无需提醒的自觉呢？我们先来看一段视频。（播放视频《什么是自觉》）

师：从视频中，我们知道，自觉是指自己有所认识而主动去做。

无需提醒的自觉，则是指即使在没有人监督的情况下，也能自己要求自己，不放纵自己的行为，坚持内心的道德标准！

【设计意图】通过车站排队和不排队的对比图片，引导学生思考，引入班会主题，然后用一个视频解读什么是无需提醒的自觉。

二、故事激趣，感悟思考

师：为什么要做到无需提醒的自觉呢？我们先来进行一个情境表演。

（出示小故事，一人旁白，一人表演：在一个普通的周末，小锋的妈妈要出门办事，让他在家自己完成作业。小锋虽然答应了，但心里却想着玩游戏。当妈妈离开后，他立刻打开了电脑，全神贯注地玩起了游戏。时间过得飞快，小锋完全忘记了作业的存在。妈妈提前回来，发现他还在玩游戏，非常生气。小锋意识到自己的错误，但已经来不及弥补了。）

师：看了同学的表演，你感受到了什么？

生：小锋因为一心想着玩游戏，耽误了学习，作业没完成。

生：小锋不自觉，虽然意识到了错误，但时间一去不复返。

生：如果总是需要别人的提醒才能写作业，就说明我们还没有真正理解到自我管理的重要性。

生：我们要时刻提醒自己，做到无需提醒的自觉。

师：在学习中，只有做到无需提醒的自觉，才能有效完成学习任务。不自觉的人，只会让自己陷入各种被动，生活和学习都会杂乱无章。

【设计意图】选取学生学习生活中的事例，对学生进行价值塑造：在学习中，只有做到无需提醒的自觉，才能有效完成学习任务。

三、榜样力量，感受自觉

1. 名人自觉榜样。

自觉的人往往更容易取得突出的成就，"百米飞人"多次创造奇迹，打破了亚洲人的极限。接下来我们来看一则视频，看看苏炳添有多自觉吧！（播放视频《"百米飞人"苏炳添》）

师：苏炳添的哪些行为让你感到非常佩服？

生：苏炳添在饮食上对自己要求极为严格、极度自律。

生：他的作息非常自律，晚上10点准时睡觉。

生：为了保持身体状态，从不抽烟喝酒。

生：每天坚持锻炼，从不懈怠。

生：他对训练也有强迫症，仰卧起坐、蹲起，要求200个就200个，少一个都不行。

生：训练后坚持水疗和按摩，即使放假期间也不落下。

师：同学们非常善于总结。从苏炳添身上，我们看到自律的人通常都非常优秀。

2. 班级自觉榜样。

师：同学们，你们觉得班上谁最自觉呢？请说一说你们认为的自觉榜样。

生：我觉得我们班的振轩同学非常自觉，他每天早上来到班级整理好书包后就开始早读，读书时声音洪亮，听他读书，是一种享受，也会被他感染，加入读书的队伍。

生：杜宇轩上课时特别专注，他总能回答出老师提出的问题，跟上老师的节奏。

生：我们班黄裕桐每天都会阅读，不管学习任务多么繁重，她都会挤出时间阅读。

生：邓智轩同学也非常自觉。每天7点钟，他就来到学校的足球队参加训练，从不迟到，从不喊累。

生：胡烜、陈彦汐、胡凌菲都是我们班的自觉榜样。每次轮到他们值日时，都会认真打扫，从不要老师操心，也不要别人提醒，就能把工作做好。

生：我们班的黄宝毅、龚妙涵都是"弯腰小达人"，很多时候，老师都会表扬他们能主动拾捡地上的垃圾。

生：黄裕楠在学习上，也不需要老师和家长催促、提醒，她能做到心中有计划，并且能按照计划去实施。

师：同学们分享了很多我们班的自觉小明星，在他们身上，你看到了榜样们的哪些特点？

生：他们有超强的执行力。

生：他们做事不拖沓。

生：珍惜时间，保持专注，做事有计划，都是他们的美好品质。

生：从这些同学身上，我看到他们擅长自我管理。

师：自觉的孩子在没有人监督的情况下，也能自己要求自己，这种无需提醒的自觉，让他们更优秀。来，读一读下面这三句话。

做到无需提醒的自觉，能掌控自己的生活。

做到无需提醒的自觉，能掌控自己的学业。

做到无需提醒的自觉，能掌控自己的人生。

【设计意图】通过名人自觉榜样和班级自觉榜样，对学生进一步进行价值塑造：只有做到无需提醒的自觉，才能掌控自己的生活、学业、人生。

四、活动体验，探寻方法

师：如何做到无需提醒的自觉呢？老师这里有一套自律养成三步法，我们一起来看看。

1. 确定目标，筛选重点。

师：现在请大家拿出学习单，看任务一：罗列出自己这周需要完成的事，并给这些任务的优先等级进行评星。特别重要标记为三星任务、一般重要标记为二星任务、不重要标记为一星任务。

师：你罗列了哪些事情呢？哪个是你的三星任务？

生：我周末需要温习功课、整理卧室、运动锻炼，还想去公园玩一趟。其中我定的三星任务是温习功课和运动锻炼。

生：我周末需要温习功课、上兴趣班，还想完成自己没有拼完的大乐高。其中我定的三星任务是温习功课。

生：我的三星任务是完成周末作文。

（学生继续交流。）

师：孩子们，设定清晰的目标，筛选重点，可以让我们在学习和生活中有目标，有方向，能够让我们无需提醒，更自觉。（板书：确定目标，筛选重点。）

2. 制订计划，合理安排。

师：刚刚同学们罗列了自己这周需要完成的事，并给这些任务的优先等级进行了评星。那这些任务大概要花多长的时间？我们又该如何来安排呢？请大家看任务二中的时间计划表，将三星任务优先安排进你的计划表，剩下的时间再安排其他任务。现在请完善你的周末安排。写完之后在组内交流，听听组员们的意见。

（学生小组合作交流。）

师：哪个小组派代表来交流交流？

生：我周末 7:30 起床、洗漱、吃早餐，然后整理房间。8:00 开始温习功课，大概用 2 个小时。接下来的时间，我准备自由安排放松一下，看两集电视剧。接着吃饭、午休，14:00 去上兴趣班，16:00 下课后，去公园玩一玩，回家吃晚饭，晚上跟爸爸一起去运动锻炼一下。20:00 睡前阅读，然后洗漱、睡觉。这就是我的周末一日安排。

（学生继续交流。）

师：通过制订计划，合理安排，能培养良好的时间管理习惯，能够让我们无需提醒，更自觉。（板书：制订计划，合理安排。）

3. 积极反馈，持之以恒。

师：大家的计划看起来都很不错，但是计划的重点在于落实。我们可以看到表格最后一栏是完成情况评价，本周就去执行你的计划吧，并对自己的完成情况进行评价。还可以根据得星数，给自己一点小奖励哦！

师：给自己制定一点奖励和惩罚机制，积极反馈，持之以恒，能让我们更有动力，能够让我们无需提醒，更自觉。（板书：积极反馈，持之以恒。）

【设计意图】通过学习单搭建学习支架，引领学生一步一步实操，领悟和理解方法。

五、回顾总结，延伸拓展

师：同学们，通过今天的学习，你有什么收获？

生：我明白了在学习中需要自觉。

生：从名人和同学身上，我看到了自觉的人更优秀。

生：我掌握了一些让我更自觉的好方法。我们可以通过这些方法来提高自觉性：确定目标，筛选重点；制订计划，合理安排；积极反馈，持之以恒。

生：一个人能事事无需提醒，能自觉主动地去做，体现了他很高的素质。

师：孩子们总结得很到位。当代著名作家梁晓声在谈论文化的时候，就谈到无需提醒的自觉。老师想要送给大家一句话，来，一起读一读：无需提醒的自觉是最好的修养。

师：同学们，你还想要培养自己什么好习惯，让自己变得更自觉呢？比如按时到校、上课专注、独立完成作业、垃圾入桶、认真值日、坚持体育锻炼……课后，请你填写好这份好习惯挑战打卡并认真去执行。（出示好习惯挑战卡）

师：今天的班会就上到这儿，下课。

【设计意图】总结提炼，提出核心观点：无需提醒的自觉是最好的修养。完成好习惯挑战卡，在生活中践行无需提醒的自觉。

第 11 节　集中注意力

湘潭县天易贵竹学校　齐浪

【班会背景】

注意是人的心理活动对一定对象的指向和集中。在现实生活中，注意力的强弱对学生的学业来说具有决定性的意义。许多孩子在课堂中不能很好地集中注意力，对干扰物的抵制还处于薄弱阶段，也正是需要关注和培养良好注意习惯的阶段。为帮助学生提升注意力，培养学生良好的注意品质，特设计这一节班会课。

适用年级：小学六年级。

【班会目标】

1. 认知提升：知晓集中注意力的重要性，集中注意力的具体方法。

2. 价值塑造：我们要想提高学习成绩，就必须在学习的过程中集中注意力。

3. 外化于行：将学到的集中注意力的技巧，运用到自己的学习、生活中，做一个专注的人。

【班会准备】

1. 资源：每人一张学习单，两支笔，干扰视频《开心锤锤》（动画片），放松大脑音乐。

2. 思路：从"我来说，你来做"的游戏入手，引出注意力的含义。通过盘点分心现象，交流苦恼，体验活动，总结出集中注意力的方法，并认识到：要想提高学习成绩，就必须在学习的过程中集中注意力。

一、游戏导入，引出课题

师：我们先来玩一个游戏，游戏的名字叫"我来说，你来做"。请你听到水果名称时拍一下手，听到动物名称时拍两下手，如果都不是就不拍。

师：老虎、苹果、梨、冰箱、兔子、橘子、西瓜、电视机、小狗、菠萝、香蕉、斑马。

（学生按要求活动。）

师：在这个游戏中，要想不出错，最重要的是什么？

生：我觉得要认真听。

生：最重要的是要集中注意力。

师：是啊，俗话说：一心不能二用。集中注意力能帮我们更快更好地完成各种任务。那什么是注意力呢？

生：注意力就是把精力集中在一个目标上。

师：是的。来，我们一起读一读。

生：（齐读）注意力就是把全部精力集中于一个目标，并能保持一段时间的能力。

师：今天这节课，我们就一起来聊一聊有关集中注意力的话题。（板书：集中注意力。）

【设计意图】通过游戏"我来说，你来做"，引导学生理解注意力的内涵，引出本课学习的主题——集中注意力。

二、盘点现象，交流苦恼

师：孩子们，请你回忆一下，在平时的学习生活中，你有哪些分心现象？这些分心现象给你带来了什么苦恼？

生：我做作业的时候想着出去玩，结果作业没写好，挨了批评。

生：我上数学课的时候，被窗外的风景吸引，题目没弄懂。

生：我做眼保健操时，先玩了一下，结果不知道做到哪一节了。

生：旁边的教室上音乐课，我就会听他们唱歌，集中不了注意力。

【设计意图】分组讨论盘点自己的分心现象，谈谈分心带来的苦恼，初步形成分心现象影响学习的认知。

三、活动体验，探寻方法

师：孩子们积极地分享了在平时的学习、生活中的分心现象，那么有没有一些方法可以帮助我们更好地集中注意力呢？我们先来做个小测试，请同学们认真看。

（课件播放大熊猫、猩猩、小狗、小猫、小白兔、斑马、豹子的图片。）

师：同学们，你看到了哪些小动物？

生：我看到了小兔子。

生：我看到了大熊猫。

生：我看到了大猩猩。

师：孩子们，第六种动物是什么？

（大部分的同学不能回答。）

师：为什么你们刚才明明很专心地看了，但问题出现的时候却回答不上来呢？

生：老师，您只是叫我们认真看，没有说明让我们看什么呀。

师：你说得很对，因为老师没有布置明确的任务，同学们没有带着明确的任务去思考，当然回答不出来啦。第六种动物是什么？我们带着这个明确的任务再来看一遍图片。

（课件再次播放大熊猫、猩猩、小狗、小猫、小白兔、斑马、豹子的图片。）

生：第六种动物是斑马。

师：我们再来挑战，请同学们仔细观察，第二种和第四种动物分别是什么？

（课件播放小白兔、斑马、小狗、大熊猫、小猫、豹子、猩猩的图片。）

生：分别是斑马和大熊猫。

师：为什么这一次我们可以说得这么准确？

生：因为一开始，我们就明白了要注意什么。

师：说得很对。带着明确的目标去做事，就会对这个目标倾注极大的注意力。因此，课前预习，在上课之前就做好听课的准备，带着问题（即目标）去听课，更易于我们在课堂上集中注意力，听课效果会更好。（板书：明确目标。）

师：接下来老师出一道语文题，看谁的反应最快。形容一个人工作学习特别认真、专注有哪些成语？

生：专心致志。

生：全神贯注。

生：目不转睛。

生：侧耳倾听。

生：聚精会神。

……

师：大家找找看，这些成语里头，包含了哪些人体器官？

生："专心致志"里有一个"心"字，这个"心"不是心脏，应该是指大脑；另外，"全神贯注""聚精会神"里的"神"字，也是指大脑。"目不转睛"里有眼睛，"侧耳倾听"里有耳朵。

师：你分析得很对。这些成语告诉我们，要想集中注意力，要充分调动我们的眼睛、耳朵、大脑。除了这些，还需要调动什么呢？

生：我们的手。

生：嘴巴。

师：在学习中呀，我们要充分调动我们的各种感官，真正做到全神贯注！（板书：全神贯注。）

师：接下来就让我们充分调动我们的感官，来进行下面的训练。

师：看到学习单第一题，在下边方格中，共有25个数字，这个方格叫舒尔特方格，是专门用来训练注意力的。请你按照1—25的顺序用手指依次指出其位置，同时念出声来，记下活动时间。同桌两人为一组，一人计时，一人找数字。

2	11	3	12	4
5	13	1	14	6
7	15	18	25	8
9	19	24	10	20
22	16	21	17	23

（学生按要求活动。老师采访用时比较少的学生。）

师：你为什么数得这么快？

生：在数的过程中，要集中全部注意力，用手指指数字，同时还要大声念出来，眼睛要进行快速扫描，寻找下一个数字。

师：你调动了哪些器官在工作？

生：大脑、手指、嘴巴、耳朵、眼睛，必须全部调动到位。

师：接下来，我们再来玩一个游戏，叫作"倒数数字"。

游戏的规则是：

1. 大声地从 50 倒数至 0。

2. 二人合作，一人数奇数，一人数偶数，如果出错，从头来过。

3. 裁判记录游戏的时间。

（老师请两个孩子上台来，其余孩子认真倾听，做他们的裁判。两个学生上台按要求活动。老师总结，游戏用时 20 秒。）

师：接下来，我们全班都来做这个游戏，自由组合，两个同学数数，邀请旁边的一位同学做裁判，记录活动的时间。

（全班同学都参与活动。老师收集各小组的活动用时，有的多达 50 秒。老师采访用时比较多的学生。）

师：你们为什么用了那么长的时间？

生：周围的同学都在数，我受到了干扰。在数的过程中，我们两次出错，耽误了时间。

师：看来呀，要想集中注意力，我们还需要排除干扰。（板书：排除干扰。）接下来，请大家排除干扰，完成学习单上的口算题。

$2 \times 89 =$ $7000 + 400 =$

$1000 \div 500 =$ $25 \times 400 =$

$200 \div 40 =$ $8200 - 5000 =$

$720 \div 90 =$ $32 + 4000 =$

$68 \times 90 =$ $7000 - 2800 =$

（学生完成口算题，教师播放动画片进行干扰。）

师：全班同学都做完了，我们来对对答案吧！

（学生核对答案。）

师：在刚刚的活动中，你是怎样的状态？

生：受到动画片的干扰，我比以前慢一些。

生：虽然有点受打扰，但是我没有抬头看动画片。

师：在学习的时候，我们经常会要面对各种干扰，比如手机、电视、噪音等。我们如何才能避免这些干扰呢？

生：最有效的方法是避开干扰源，比如关掉电视机，远离手机，关闭房门。

生：如果实在避开不了的话，就要主动屏蔽外界的干扰信息，不去看，也不去听。

师：大家的建议都很有价值。最有效的方法是避开干扰源，比如关掉电视机，远离手机，关闭房门，如果实在避开不了的话，就要主动屏蔽外界的干扰信息，不去看，也不去听。

师：刚才的学习中，同学们都非常专注，但如果长时间学习下去，很可能就不能专心了，你们知道这是为什么？

生：累。

师：我们的身体累了以后，就会需要休息，大脑也是一样的，累了以后，也需要休息，大脑劳逸结合，才能确保下一阶段的学习注意力更集中，效率更高。大脑休息的方式，就是放松。

今天老师要教给大家一个简单的放松大脑的方法——自我调适法。来，我们一起来放松大脑：闭上眼睛，放松全身，舒缓呼吸，全神贯注于自己的呼吸。

（播放舒缓音乐，放松大脑。）

师：孩子们，在刚刚的体验中，你有什么感受？

生：感觉大脑非常的轻松。

生：感觉身体轻飘飘的。

师：当你上完课，感到疲劳时，不妨到教室外去走一走，或者闭上眼睛深呼吸，让我们的大脑得到放松。（板书：放松大脑。）

【设计意图】引导学生交流探讨集中注意力的方法，并通过不同的游戏，找到集中注意力的具体方法。

四、回顾总结，巩固教学

师：孩子们，通过今天的学习，你有什么收获？

生：今天我们学习了怎样集中注意力，让我知道了集中注意力才能更好地完成任务。

生：做口算题时，我没有去看动画片，一直没有抬头，虽然比平常慢一些，但至少完成了口算。

师：孩子们，一节课的探讨还远远不够，大家可以思考一下，还有集中注意力的好方法吗？

生：晚上按时睡觉，养成良好的作息习惯。

生：上课时遇到听不懂的内容，千万不要停下来卡在那里，做好标记后，跟上老师的节奏。

生：也可以在学习的时候计时，在规定的时间内完成任务。

师：老师把集中注意力的小技巧整理出来了，我们一起来读一读。

（学生齐读：明确任务，全神贯注，排除干扰，放松大脑。）

师：我国著名的作家冰心说：成绩不好，一定与注意力不集中有关；成绩好的孩子，注意力一定集中。我们要想提高学习成绩，就必须在学习的过程中集中注意力。希望在以后的学习中，大家经常使用这些集中注意力的好办法，来提高我们的学习成绩。

【设计意图】总结提炼，提出核心观点：成绩不好，一定与注意力不集中有关；成绩好的孩子，注意力一定集中。

第12节　勇敢地面对挫折

湘潭县天易贵竹学校　齐浪

【班会背景】

现在的学生从小在呵护关怀中长大，没有经受过多少挫折，心理承受能力较差。随着年龄的增长，他们会遇到学习、生活、人际关系等方面大大小小的挫折，面对挫折他们往往不知所措。为帮助学生从挫折中走出来，提高抗挫能力，将来更好地适应社会生活，特设计这一节班会课。

适用年级：小学六年级。

【班会目标】

1. 认知提升：知晓勇敢地面对挫折的重要性，战胜挫折的具体方法。

2. 价值塑造：战胜挫折，让挫折为我们的人生增色。

3. 外化于行：将学到的战胜挫折的技巧，运用到自己的学习、生活中，做一个能勇敢面对挫折的人。

【班会准备】

1. 资源：A4纸，水彩笔，儿童剪刀，橡皮擦，透明胶带，彩色帽折纸，视频《海草舞》《阳光总在风雨后》，课件。

2. 思路：从游戏"叠杯子比赛"入手，引出挫折的含义，通过画挫折"黑点"、处理挫折"黑点"、为挫折"黑点"增色等活动，引导学生总结出战胜挫折的方法，并对学生进行价值塑造：战胜挫折，让挫折为我们的人生增色。

一、游戏导入，认识挫折

师：一进教室，看到的就是同学们端端正正的坐姿、朝气蓬勃的样子，我真是特别喜欢。细心的孩子已经发现了每个同学的桌子上都放有环保纸杯，今天，我们要在班上进行一次"叠杯子比赛"，比赛规则很简单，请看大屏幕。（课件出示比赛规则，点生读。）

1. 把一个杯子放好，然后用另一个杯子的顶部叠加在第一个杯子的顶部上，依此类推。

2. 杯子倒了可以重来。

3. 时间3分钟，时间一到立即停止动作。

看看你最多能叠几个。

师：比赛规则都听清楚了吗？

生：（齐）听清楚了。

师：不着急，我想先采访大家，你们的目标是叠几个？

生：我应该能叠 8 个。

师：你预计叠几个？（随机点生答）

生：我要叠 10 个。

……

师：看来都有了自己的小目标，都准备好了吗？开始！

（学生自由叠杯子，时间一到立即停止。）

师：时间到。请保持杯子原状，自己坐好。哪些孩子完成了预期目标？请举手。（随机点名采访。）

师：你尝试了几次？每次杯子倒下的时候心情怎么样？

生：我一共叠了 7 个，我试了好几次才成功，每次杯子倒下来我都有点气馁，人也有点急躁了。

师：其他同学的情况呢？

生：我本来以为自己可以叠 10 个，没想到到最后也没成功。每次杯子倒下时挺郁闷的。

生：我叠了 5 个，但是时间到了，不甘心。

……

师：在刚才的"叠杯子比赛"中，有的同学尝试了几次终于成功了，有的同学尝试了多次后没信心了，还有的同学多次失败后仍在继续。这些在实现目标过程中遇到的阻碍，我们都可以称之为挫折。在现实生活中呀，我们每个人都会经历失败，遭受挫折。大家是怎样理解挫折的含义的呢？

生：我理解的挫折是遇到了困难。

生：我认为是生活中的考验。

生：我觉得挫折的意思是在生活中遇到了种种困难而且又没有办法解决。

师：大家的理解都很到位。挫折，它有专业的解释，来，我们一起读一读。

生：（齐读）挫折是指在从事有目的的活动过程中，遇到阻碍或干扰，致使个人目的不能实现，需要不能满足时的情形。

师：今天这节课，我们要交流的话题就是——勇敢地面对挫折。（板书：勇敢地面对挫折。）

【设计意图】游戏导入，让学生通过有趣的"叠杯子比赛"感受到我们在实现目标时，常常会因为遇到阻碍而沮丧，让孩子们在活动中体验挫折，并引出课题。

二、走进生活，盘点挫折

师：让我们回忆一下，你有作业不会、考试失利的时候吗？你有竞选失败的时候吗？你有被别人误会的时候吗？同学们，让我们静静地想一想，你遇到过哪些挫折呢？（学生回忆）

师：孩子们，请拿起你面前的这张白纸。请听仔细：假如这张白纸代表我们的一生，请把你经历的挫折事件用黑点的方式画在白纸上，想到一个曾经经历的挫折就画一个黑点，黑点的位置和大小由你自己决定。

（学生按要求活动。）

师：老师想请孩子们分享一下自己的挫折经历。

生：我爸爸不让我去踢足球了，我觉得我受到了很大的挫折。我把这件事用黑点表示出来了。

生：我做作业不会的时候，我妈妈就误以为我在开小差，以为我不努力又批评我。

生：我在生活中遇到了很多困难，但是有一件事情让我印象深刻：我曾经去参加绘画大赛，但我没有拿到奖，我非常失落。

师：孩子们，遭遇挫折时，你的心情怎样？

生：我非常难过。

生：非常失落、沮丧。

师：那有没有一些方法可以帮助我们走出情绪的困境呢？

【设计意图】让学生回忆自己曾经历的挫折事件，并用画黑点的方式表示出来，把挫折这一空洞概念变成了生活中一个个具体的问题。让学生谈谈遭遇挫折时的心情，激发学生探寻战胜挫折的方法。

三、活动体验，探寻方法

1. 积极接纳。

师：孩子们，请再次看我们的白纸。如果白纸代表我们的人生，上面的黑点代表我们曾经历过的挫折，你想如何处理这些黑点呢？

（每个小组的桌子上放有水彩笔、剪刀、橡皮擦、透明胶带若干。学生运用所提供的材料处理白纸上的黑点。）

师：谁能来谈一谈你是如何处理的？

生：我选择用剪刀剪去那些黑点。

师：哦，你选择了用剪刀剪去。孩子们，有多少人也选择了这种方法？（学生举手示意）

师：我们来仔细观察剪掉后的白纸，你有什么想说的吗？

生：我的纸张破了一个大洞。

生：跟之前不一样了。

生：老师之前说了，这张白纸代表了我们的人生。我觉得如果剪掉的话，代表着我们的人生不完整了。

师：孩子们，有没有道理？

生：有。

师：谁再来谈一谈？

生：我是用透明胶带来处理的，结果被我一撕，我的纸撕破了。

生：我也是用透明胶带来处理的，原本完整的一张纸，虽然有几个黑点，但至少是完整的，现在却成了一张废纸。

生：我选择用橡皮擦擦掉那些曾经经历的失败，却发现纸张被擦破了。这是对我人生的伤害。

师：还有其他处理方法吗？

生：我选择用彩笔作画，这样我的人生白纸有了不一样的色彩。

生：我也是用彩笔添加了一些其他图案，这样我的人生更丰富了。

师：孩子们谈得很好。很多同学想把黑点擦去、剪去、抹去，结果整张纸面目全非。而有的同学则有着不同的选择，他们选择为失败增色，有了不一样的人生：看来在学习生活中，遇到挫折时不可消极对待，我们不如选择积极接纳。

2. 转移注意。

师：同学们，接下来的活动叫"移动大拇指"。伸出你们双手的大拇指来，想象一下把自己所有的挫折都放在这两只大拇指上。当你把这两个大拇指放到你的眼前，你看到了什么？

生：我看到的是我的大拇指，也就是所有的挫折。

师：对，你看到的满眼都是挫折。当你把大拇指从眼前移开，你又是什么感觉呢？

生：我的视野更开阔了。

师：是的，我们会发现原来所有的挫折都那么小，我们会看到除了挫折，还有很多美好的事情。

师：从这个小游戏中，你有什么感受？

生：我感受到要把眼光放得长远些，不要老盯着眼前的挫折。

师：是呀，当我们一时间无法走出挫折的阴影，不妨转移注意去做一些让自己感到快乐的事情。让我们跟随视频一起学习《海草舞》，感受生命律动带来的轻松愉悦吧。（学生按要求活动）

3. 自我鼓励。

师：孩子们，老师这里有六顶神奇的帽子，想在你们遇到挫折时给予你们力量。

蓝色的勇气帽代表：我可以更加勇敢地迎接挑战，在挑战中不断成长。

黄色的乐观帽代表：我相信我有自己的优势，可以更积极地看待自己。

绿色的希望帽代表：我认为努力是通往成功的必经之路。

红色的收获帽代表：我可以从错误和失败中不断积累经验和方法。

粉色的学习帽代表：我可以向别人学习成功的经验来提升自己。

白色的魔法帽代表：我认为我的成长有无限可能。

师：老师想要你们戴一戴这些神奇的帽子的话，你想选择哪一顶？你会对自己说什么？

生：我想戴黄色的乐观帽，只要自己积极乐观，每天就会很开心。

生：我想戴全部的帽子，因为我想既要乐观，又要有勇气，既要向别人学习，又要相信自己能成功。

　　生：我想戴上收获帽，因为我想收获更多的知识和经验。

　　生：我想戴上希望帽，我认为凡事都有希望。

　　生：我想戴上勇气帽，我想我有更多的勇气站上讲台发言。

　　师：老师希望这六顶帽子能走进大家的家庭，当你遇到挫折时，换"帽"思考，不断鼓励自己。像这种自己鼓励自己的方式，就叫作——

　　生：自我鼓励。

　　4.付诸行动。

　　师：通过不断地自我鼓励、积极暗示，是不是感觉自己已经充满了力量？那就让我们再来重新审视我们遇到的挫折，付诸行动来解决问题吧！

　　师：请你在刚刚画有黑点的白纸上增加其他你想增加的事物，然后配上简短的文字描述一下你的作品吧！注意，在之前的活动中选择用剪刀、橡皮擦和透明胶去除黑点的同学，需要重新将黑点画在新的白纸上（游戏可以重来，我们的人生不能重来哦）；选择用水彩笔增色的同学，可以思考一下能否再为你的作品增加一些不同的画面。

　　（播放背景音乐，学生自由绘画。）

　　师：你为你人生的挫折黑点增加了什么色彩？最后成了一幅怎样的作品？

　　生：我把黑点变成了蝴蝶的眼睛，成了一幅蝴蝶飞舞图。

　　生：我把我的挫折黑点变成了烟花。

　　生：我把我的挫折黑点变成了雪人的眼睛、鼻子，还有雪花的中心点。

　　生：我将黑点变成了小鱼的眼睛，其他的黑点变成了小鱼吐的泡泡。我要像小鱼一样勇往直前，挫折就会消散。

　　生：我把黑点变成了向日葵的种子，我的人生因它们结出硕果。

　　生：我的挫折黑点是风帆的顶点，它带动我人生的小船奋勇前进。

　　师：活动中你最大的感悟是什么？

　　生：我觉得挫折并不可怕，正是因为有了挫折的点缀，才有了丰富的人生。

　　【设计意图】将具体的挫折事件外化为形象的黑点，学生根据材料自由选择如何处理，在活动中感受对待挫折选择不同的处理方式会有不同的结果。通过不同的活动，探寻战胜挫折的方法，体会战胜挫折带来的成就感。

四、回顾总结，巩固教学

师：孩子们，你还有战胜挫折的好方法吗？

生：跟好朋友倾诉自己的苦恼。

生：我觉得遇到了挫折可以跟父母谈一谈，寻求父母的帮助。

生：做一些自己喜欢的事情，让自己的心情平复下来。

生：可以去看一看这个丰富的世界，让自己在大自然中变得豁达。

师：通过今天的学习，你的收获是什么？

生：今天我们学习了勇敢地面对挫折，让我知道了如何去战胜挫折。

师：老师把战胜挫折的小技巧整理出来了，我们一起来读一读。

生：（齐读）积极接纳，转移注意，自我鼓励，付诸行动。

师：（总结）"阳光总在风雨后，请相信有彩虹"。让我们一起欣赏这首《阳光总在风雨后》，积蓄自信的力量和挑战挫折的勇气。希望在以后的学习中，大家经常使用这些面对挫折的好办法。战胜挫折，让挫折为我们的人生增色。

【设计意图】总结提炼，提出核心观点：战胜挫折，为人生增色。